T0369028

Ensueño

Antología poética

Frank Alvarado Madrigal

Compre este libro en línea visitando www.trafford.com
o por correo electrónico escribiendo a orders@trafford.com

La gran mayoría de los títulos de Trafford Publishing también están
disponibles en las principales tiendas de libros en línea.

© Copyright 2013 Frank Alvarado Madrigal.
Todos los derechos reservados. Esta publicación no puede ser reproducida, ni en todo ni en parte, ni
registrada en o transmitida por un sistema de recuperación de información, en ninguna forma ni por
ningún medio, sea mecánico, fotoquímico, electrónico, magnético, electroóptico, por fotocopia, o
cualquier otro, sin el permiso previo por escrito del autor.

Excatedrático bilingue inglés/español, poeta, cuentista y dramaturgo.

Impreso en los Estados Unidos.

ISBN: 978-1-4269-2463-7 (sc)
ISBN: 978-1-4269-2464-4 (hc)

Library of Congress Control Number: 2010900338

*Laspersona que aparecen en las imágenes de archivo proporcionadas por Thinkstock
son modelos, y estas imagenes solo puese ser utilizadas con propositos ilustrativos.*

Algunas imágenes de archivo © Thinkstock.

Trafford rev 09/04/2013

www.trafford.com

Para Norteamérica y el mundo entero
llamadas sin cargo: 1 888 232 4444 (USA & Canadá)
fax: 812 355 4082

A mi amada esposa
Alicia Núñez de Alvarado

Sobre el autor

*Frank Alvarado Madrigal es profesor de inglés en Estados Unidos. Sus poesías han sido publicadas en muchos países, siendo aceptadas con gran interés por amantes de la palabra poetizada, profesores y estudiantes en escuelas, colegios y universidades. Actualmente se encuentran en el mercado cuatro libros de poesía: **Simplemente tú y yo, Secretos, Añoranza** y su antología poética: "**Ensueño**"; todos ellos dotados de un gran romanticismo así como de un estudio crítico literario en la sección final de cada poemario. Una gran serie de **cuentos infantiles** muestran el genio creativo de este versátil escritor. Cabe mencionar la originalidad que se manifiesta en su obra de teatro, "**Pitirre no quiere hablar inglés**", drama controversial vivido por el Pitirre, querido símbolo puertorriqueño, en que a través de un lenguaje regional, descripción de paisajes y destellos de letras de canciones netamente boricuas, el autor nos presenta una clara visión sobre el sentir nacionalista de un creciente sector del pueblo puertorriqueño.*

Glosario

Ensueño

Hoy sueña el poeta.
Sueña en su sueño
que ya es tu dueño.

En su poesía
de noche y de día
habrá alegría.

Florecen las flores
en campos mejores
con nuevos albores.

Gloriosas victorias
de amorosas historias
escribirá en sus memorias.

Una blanca paloma
volará por el cielo
diciendo: "Te quiero".

1

La luna y el sol
cobijarán este amor
de gran esplendor.

Y será tu mirada
lucero y velero
en noche estrellada.

Hoy sueña el poeta.
Sueña y despierta;
despierta y... ¡Te besa!

Secretos

Dejad que sea
mi poesía
la que os platique
acerca de mi vida.

Dejad que sea ella
la que os diga
la noche en que me vio
sollozando bajo las estrellas.

Dejad que en secreto,
os cuente, que la luna
lloró junto a mí
el día en que te perdí.

Dejad que mis versos
os manifiesten sobre estas hojas
el día que en el cielo
muriéronse todas las rosas.

¡En fin!
Dejad que sean mis versos
los que te hagan sentir
lo mucho que por ti sufrí.

Añoranza

Quisiera ser el día
o quizás su luz
para alumbrar el sendero
por donde caminas tú.

Quisiera ser la luna
o quizás una estrella
para poder alumbrar
tu imagen tan bella.

Quisiera ser la llama
que prende tu corazón
y en noches sin luna
alumbrar tu balcón.

Quisiera ser el poeta
que enamorado compone
dulces versos de amor
sobre las constelaciones.

Quisiera ser ese faro
que alumbra a lo lejos
para guiar tus deseos
a través de mis besos.

Quisiera ser la fresca brisa
a la orilla del mar
para cantarte sin prisa
una canción especial.

Quisiera ser del río
la más fresca corriente
y anunciar nuestro idilio
a toda la gente.

Quisiera ser el velero
que navega en tu corazón
y naufragar en tu pecho
al compás del reloj.

Quisiera ser del rocío
la fresca mañana
y refrescar tu amor y el mío
a través del fondo de mi alma.

Quisiera ser de las flores
la más fresca fragancia
y saciar con mis labios
todas tus ansias.

Quisiera ser la tonada
que mi arpa compone
y grabar tu mirada
en mis dulces canciones.

Quisiera ser el ave
que feliz va llevando
inolvidables notas de amor
hasta los corazones.

Quisiera ser el aire
que respiras en cada segundo
para recorrer todo tu cuerpo
hasta el fin de este mundo.

Quisiera ser del océano
la más fragante espuma
para bañar tus entrañas
bajo la luz de la luna.

Quisiera ser el verano
o quizás su luz
para fundirme en tu cuerpo
y cubrirlo de amor.

Quisiera ser ese árbol
del fruto prohibido
para cubrir con sus hojas
tu cuerpo y el mío.

Todas esas cosas y más
quisiera yo ser
y en cada instante de mi vida
podértelas yo ofrecer.

Simplemente tú y yo

¿Qué es poesía...?
Poesía es ensueño,
es realidad,
es antídoto
a una incurable enfermedad.

Poesía es
la diáfana vestimenta
que cubre del sentimiento
su desnudez;
mágico atuendo
que cobija la historia
de una gran verdad,
guardada en la memoria,
sin poderse olvidar.

Poesía es
ardiente explosión,
es volcán en erupción,
amordazado grito
en una agridulce canción.

Poesía es
mezcla de angustiosa alegría,
de humilde orgullo,
de sencilla vanidad,
agonizante murmullo
en un mundo de soledad.

Poesía es
idioma universal,
un amor sin final,
río de agua cristalina,
cuya corriente va cantando
una feliz y dolorosa canción,
proveniente del fondo
de su corazón.

Poesía es
apacible bosque
donde pajaritos de bello color
entonan un sagrado
himno al amor.

Poesía es
ese amor que tú me das,
amor que nunca podrás olvidar,
es tierno sentimiento;
arco iris en el firmamento.

Poesía es
una historia de amor
que no concluyó.
Poesía somos:
"Simplemente tú y yo".

Soy un poema

Soy un poema
que hoy ha nacido
para borrar la pena
de algún verso herido.

Soy madrugada,
soy un hechizo
y en noches heladas
no pido permiso.

Soy un volcán,
soy muy ardiente
y en mi hallarán
lujuria latente.

Soy apuesto capitán
sobre velero de amor
y en él tus penas se irán
como el rocío en la flor.

Soy ruidosa quietud
de un cielo azul;
silenciosa inquietud
de un mágico tul.

Soy blanco corcel,
brioso encantado,
cabalgo en tropel
de besos robados.

Sobre anocheceres
mi barco navega;
brindando placeres
en toda mi entrega.

Soy caluroso
en el invierno,
niño fogoso;
un fuego eterno.

Soy rayo de luz
bajo la luna,
donde estés tú;
yo floto en la espuma.

Soy inquieto niño
en noches calladas
buscando el corpiño
en las madrugadas.

Soy de las estaciones
primavera en el tiempo
y en frescos otoños
comparto tu aliento.

Miles locuras
haré de tu vida;
mil aventuras
gozaré en mi partida.

Soy un poema
que hoy ha partido,
borrando la pena
de algún verso herido.

Yo he estado allí...

Yo he estado allí...
donde los colores de las flores
retoñan en nuevos amores,
donde la brisa sin prisa
brinda una dulce sonrisa,
donde el río riega y baña
a la tierra su entraña.
Yo he estado allí...

Yo he estado allí...
donde la luna de plata
entona en la noche su serenata,
donde felices estrellas
danzan canciones muy bellas,
donde en el silencio de la noche
no se escucha ni un solo reproche.
Yo he estado allí...

Yo he estado allí...
donde las estaciones del tiempo
perfuman el viento,
donde el tibio verano
al invierno estrecha su mano,
donde la fresca primavera
besa al otoño de forma sincera.
Yo he estado allí...

Yo he estado allí...
donde las rosas son más hermosas,
donde las flores dan sus olores,
donde los sueños son un ensueño,
donde en el amor no hay más dolor,
donde en la vida no hay despedida,
donde de noche y de día hay alegría.
Yo he estado allí...

Yo he estado allí...
donde el amor, la alegría y la ilusión
son estrofas de una misma canción,
donde no existen penas en los poemas,
donde la vida es una bella poesía.
Ahora yo te pregunto: ¿Quieres venir
y vivir por siempre feliz? Porque yo...
Yo he estado allí...

Deseos

¡Quién fuera luz!
¡Quién fuera sol!
para cubrir tu cuerpo
con todo mi amor.

¡Quién fuera noche!
¡Quién fuera almohada!
para estar en tu sueño
en la madrugada.

¡Quién fuera gaviota!
¡Quién fuera su vuelo!
y de tu conquista
ser el primero.

¡Quién fuera candado!
¡Quién fuera su llave!
y con mucha ilusión
vivir en tu corazón.

¡Quién fuera el mar!
¡Quién su vertiente!
y a voces gritar
nuestro amor a la gente.

¡Quién fuera primavera!
¡Quién su verde color!
y entregarte por siempre
todo mi amor.

¡Quién fuera verso!
¡Quién un poema!
para con mis palabras
ahuyentarte las penas.

¡Quién fuera el río!
¡Quién su corriente!
para tu amor y el mío
unir para siempre.

Desvelo

Cuando en mis noches de desvelo,
mi alma y mi cuerpo padecen de lleno;
oigo a lo lejos una dulce voz diciendo:
"Te quiero".
Sé que eres tú; por quien yo vivo y muero.

Y si durmiendo alguna noche soñare,
en un lapso de tiempo pequeño,
mirarte, estrecharte y besarte
y mi vida toda entregarte.

Feliz al cielo yo imploraría
nunca jamás despertar;
así yo viviría, segundos
muy bellos quizá,
que nunca yo gozaría,
en esta mi cruel realidad.

Al cielo también pediría,
eternos esos segundos que fuesen,
que nunca, nunca acabasen,
para algún día, así,
poder morir en tus brazos.

Amor a primera vista

Hoy mis versos se visten de gala,
las estrellas danzan en lo alto,
la luna sonríe enamorada,
una nube ha secado ya su llanto.

Suavemente el viento se desliza
mientras canta una canción;
el mar sin ninguna prisa,
a las olas mece con pasión.

¡Hoy te he visto, te he visto
y me has gustado!
¡Hoy te he visto, te he visto
y de ti me he enamorado!

Te daré mi vida y mi amor,
te daré también mi corazón.
¡Oh, encanto cegador!
Fuente de esta inspiración.

Inspiración

Si fuera pintor,
pintaría en un lienzo
las cosas lindas
que de ti yo pienso.

Si fuera escultor,
en madera fina esculpiría
tus ahogados gemidos
de cuando yo te hago mía.

Si fuera compositor,
mis mejores versos escribiría
para que los leyeras, amor,
de noche y de día.

Si fuera cantante,
cantaría a mi amante
la más bella canción
que naciera del fondo
de mi corazón.

Si fuera músico,
con mi lira tocaría
las más dulces notas;
soñando que ya eres mía,
para toda la vida...

Luna de miel

Muchos besos…
Muchas caricias…
No teníamos prisa…
¡Era todo una delicia!

Inventábamos posiciones
al ritmo de canciones.
Su vuelo a veces ella
remontaba a una estrella.

Algunas veces al oriente,
otras hacia el occidente;
pero nuestra preferida,
inclinada, mirando
hacia tu almohada.

¡Qué muchas emociones!
¡Qué muchas sensaciones!
Jugamos al amor
toda la noche
como cabalgando
en un coche.

Mientras beso a beso
en nuestro ardiente lecho,
recorría todo tu pecho
hasta llegar al nido
del manjar prohibido.

Sí, jugamos al amor
sin pensar acaso, que un día
ya no estarías, otra vez
entre mis brazos.

Sí, jugamos al amor
con muchas ilusiones,
sin imaginar el dolor
que un día quedaría
en nuestros corazones.

Seducción

Explorabas entre mi arco.
Te apoderabas de mi mente.
¡Boca candente!
Labios ardientes
en el jardín de la felicidad.

Dedos titubeantes buscaban
una ruta diferente.
Temblorosos demorábanse.
Sentíame enloquecer.
¡Bello! Prolongado amanecer.

Mis excitadas caderas
contorneábanse frenéticas
al compás de vuestros labios
y los míos,
que como música en mis oídos,
adormecían mis sentidos
dejando indefenso todo el nido.

Arrancar de mi pecho,
gemidos de placer lograbas
con tu impetuosa daga,
que dura y tiernamente,
mi calurosa piel atravesaba
mientras me acariciaba.

Mi vientre se estremeció,
mis dedos se crisparon.
Extraña sensación invadió
todo mi ser, cuando en mí,
se deshojó la flor
convirtiéndome en mujer.

Me cubriste con pétalos de flores:
indiscretas mariposas,
isósceles flagelados,
estrellas brillantes,
resplandecientes diamantes;
dos irreverentes amantes…

Arrúllame

Desnúdame lentamente,
arrúllame con tus caricias,
hiéreme en lo más profundo;
déjame cicatrices.

Quémame con tus labios.
Mátame con tus besos.
Deja que corran tus manos
y aprieten con fuerza mis senos.

¡Galópame! Usa tu reata con brío.
Hazme sentir en las nubes,
y si ahora mismo no te me subes,
podría morirme de frío.

Hazme perder ya la calma;
róbala con tus deseos.
Penétrame toda el alma
y ámame sin rodeos.

Hipnotízame con tu mirada.
Domíname con tu pasión.
Mantenme enamorada;
despierta en mí esta ilusión.

Inúndame con tu sabia.
Haz que circule en mi cuerpo.
Mis deseos son peor que la rabia
que tienen las hembras en celo.

Mantenme en la encrucijada
de no saber lo que quiero;
si comerte a pedazos o entero
o que me tengas crucificada.

Amor desenfrenado

Si deseas descubrir
los secretos del amor,
ven conmigo bella flor,
te vas a divertir.

Demos rienda suelta
a esta pasión
que guardamos
en nuestro corazón.

No tardemos
en hacer
lo que ahora mismo
podría ser.

Abracémonos primero,
besémonos después;
hagamos el amor
al mismo tiempo.

No paremos ni un momento.
No nos levantemos a comer.
Del hambre no nos vamos a morir;
eso ya lo descubrí, pues…

Tu cuerpo es el postre preferido
de un amor que llevo escondido
encerrado dentro de mi pecho.
¡Vamos ya a nuestro lecho!

No nos preocupemos más por nada
que la noche es más corta
que el parpadear de una mirada
para un alma enamorada.

Idilio

¡Cómo extraño tu mirada!
¡Cómo extraño tu sonrisa!
El brillo de tus ojos al mirar
y tu dulce forma de besar.

Hoy mis pasos me han de guiar
con quien sigue siendo mi ilusión,
pues aunque exhausto de caminar,
siempre te llevé en mi corazón.

Mi corazón palpita más de prisa,
salta como niño juguetón;
por primera vez oigo su risa
desde que voló de tu rincón.

¿Qué sorpresas nos aguardan?
Eso lo sabremos al besar;
yo, tus dulces labios rojos
exhalando amor al suspirar.

¿Qué sorpresas nos aguardan?
Eso lo sabremos al besar;
tú, mis labios muy ansiosos
por quererte devorar.

Mía

Si tú fueras mía,
yo te amaría
de noche y de día
toda mi vida.

Si tú fueras mía,
ahora mismo sabrías
las miles de formas
en que yo te haría mía.

Si tú fueras mía,
yo te besaría
con un amor profundo
como a nadie en el mundo.

Si tú fueras mía,
mi vida te entregaría
para que con ella hicieras
todo lo que quisieras.

Si tú fueras mía,
yo te demostraría
en este momento
todo el amor,
que por ti, yo siento.

Si tú fueras mía,
no te cabría
la inmensa alegría
que yo te daría…

Error fatal

Sabes que cometiste
el más grande error
al irte de mi lado
sin pensar en mi dolor.

Cometiste un gran pecado
al dejarme solo, triste
y desesperado.
Mas sin embargo,
creíste que iba a ser fácil
para ti el olvidar,
el sabor de mis labios al besar.

Si con huir de mi lado,
creíste que me ibas a olvidar,
¡Qué equivocada estabas!
Ahora lo puedes comprobar.

Sé que te estás dando cuenta
que mi amor no era un amor
corriente como el del resto
de la gente.

Sé que fui el primero
que te supo dar un amor verdadero
y esto, tú creías, que en esta vida,
sería muy fácil de olvidar
como hacías con todos los demás.

Permítame que te diga,
mi muy querida amiga,
en el mismo tono, suave,
honesto y sincero
con el que siempre te hablé,
que aunque vivieras mil años,
jamás a ti te amarán,
como yo te amé…

Besos de horas eternas
a ritmo acompasado
mientras hacíamos el amor
en nuestra última noche
que pasaste a mi lado.

Acéptalo de una vez,
ya que las cosas son al revés:

Poco a poco yo a ti
te estoy olvidando;
mas tú poco a poco,
me vas a ir deseando.

Sobre todo cuando me compares
con el que tengas a tu lado;
te darás cuenta
de que no me has olvidado.

Sé que querrás volver a unir
nuevamente nuestros lazos
y quedarte por fin
prisionera entre mis brazos,
pero por tu simple cobardía,
te vas a quedar con los deseos
de ser mía y solo mía,
ya que nunca fuiste
lo suficiente valiente
para enfrentarte
al resto de la gente;
por lo tanto,
sigue haciendo caso
de lo que dicen los demás
y quédate con las ganas
de volverme a conquistar.

Aventura fugaz

¿Por qué? Preguntóme en voz baja.
¿Por qué? Y su confusa mirada me fijó.
Balbucear no pude una palabra
mas un dolor en mi pecho se anidó.

Sollozó ella; suspiré yo.
No hubo súplica de perdón;
habíale partido su frágil corazón.
Sollozó ella; suspiré yo.

Fue un instante de locura,
un momento de pasión;
una breve aventura
donde nunca hubo amor.

Sollozó ella; suspiré yo.
No hallé ninguna explicación.
¡Silencio hubo en la habitación!
Quedóse ella; me fui yo.

El tiempo pasó

Y la niña lloraba, lloraba su desilusión
pensando que no volvería el hombre,
a quien entregó una noche,
su virginal amor.

Las horas desfilaban lentas en procesión.
La luna en lo alto miraba al perverso
cantando coplas y recitando versos,
a otra niña, a quien robaba su amor.

La primera, aún llorábale, llorábale
con ilusión de verle, abrazarle, besarle
y entregarle todo su cuerpo, joven y terso,
aunque al otro día se muriese de amor.

Esperando y soñando la vida se le fue,
mientras la luna, que todo lo ve,
lloraba al mirar aquella niña
convertida en mujer.

Recordando

Dicen que recordar es vivir
pero cuando de ti me acuerdo,
yo me siento hasta morir.

Ha pasado el tiempo
y no te puedo olvidar;
es triste mi lamento
cuando me pongo a recordar.

No es fácil olvidar
cuando se entrega el corazón,
cuando se llega amar
sin medida ni razón.

Pasarán los días,
pasarán los años,
pero en el corazón, la herida,
permanece haciendo daño.

¿Cuál fue mi culpa
para que tú me abandonaras?
¿Cuál fue mi culpa
para que tú ya no me amaras?

Nunca entenderé tu decisión,
nunca entenderé tu gran traición,
si te entregué todo mi amor
sin ninguna condición…

Castillo de arena

La luna fue testigo
del más lindo amor
vivido en un castillo,
construido ladrillo
sobre ladrillo,
dentro de mi corazón.

Donde yo era tu rey
y tú mi bella reina.
Donde las rosas lucían
aún más hermosas,
para cubrir
con sus fragancias,
nuestros cuerpos
llenos de locas ansias.

Donde asidos de las manos
paseábamos por los jardínes
de la felicidad, soñando
con futuros soberanos
en nuestro castillo,
algún día dejar.

Mas un triste día,
como si fuera de arena,
mi castillo se derrumbó
sepultando todos mis sueños
y dejando profundas huellas
dentro de mi corazón.

Huellas eternas

El sol de primavera
como tibia sábana cubría
tu cuerpo y mi vida entera
mientras sollozando prometías
ser para siempre mía.

Pero quizás las olas con sus rugidos,
mezcladas con el clamor de tus gemidos,
no permitieron a tu corazón escuchar,
lo que tus labios quisieron expresar.

Hoy he vuelto a caminar
la misma playa que me diera,
en esa tibia primavera,
una gran felicidad
y luego me sumiera
en un mar de soledad.

El sol tibio aún estaba
pero a otros cuerpos hoy cubría;
las olas con sus rugidos
aún guardaban
el clamor de tus gemidos.

Nuestras huellas en la arena
las olas habían ya borrado
pero dibujadas otras huellas,
igual que tus promesas, aún estaban,
pero no en la arena como aquellas,
si no dentro de mi pecho, muy marcadas.

Una noche más

Quédate una noche más.
Déjame amarte
hasta la saciedad.
Quiero la miel
de tus entrañas,
esta noche saborear.

Déjame derretir
con mis labios,
ardientes de pasión,
las ansias locas
que escondes
en tu corazón.

Quédate una noche más.
¡Qué importa
lo que piensen los demás!
Déjame traspasar
las fronteras de tu piel
y fundirme en tu cuerpo
hasta el amanecer.

Muy tarde

Muy tarde descubrí
que eres mala, egoísta,
prepotente, orgullosa,
mentirosa y caprichosa.

Que no sabes amar.
Que no tienes sentimiento.
Que provocas el sufrimiento
en todos los demás.

¡Qué eres una demente!
Eso lo sabe toda la gente.
Que te entregas con facilidad
a la primera oportunidad.

Que por vengarte de tu hombre,
no te importa nada
entregar tu cuerpo a otro,
aunque solo le conozcas
por su nombre
o por tan solo una mirada.

Sabes que eres envidiosa,
mala, egoísta, caprichosa,
orgullosa y embustera;
sabes que eres traicionera.

Sabes romper todo enlace
en una seria relación
pues no te importa tu traición,
ya que eso, te complace.

Sabes que te gusta herir.
Sabes hacer sufrir.
Nunca vas a ser feliz;
siempre te arrastrarás
igual que una lombriz.

Ningún hombre te amará
cuando te conozca de verdad;
siempre te odiarán
por toda una eternidad.

En ese mismo día

Si alguna vez tus ojos me mirasen
como el mar mira la arena,
te juro, vida mía, que en ese día
se acabarían todas mis penas

y si ese mismo día tus labios me sonriesen
como el sol al rocío le sonríe,
te juro, amor mío, que el mismo cielo
a tus pies yo te pondría

y si para cerrar con broche de oro
en ese mismo día, te dijera que te adoro
y dejaras que te besara como solo yo sabría;

te juro, que en ese mismo día,
a tus padres, tu mano pediría
y contigo, yo me casaría.

Mis recordadas

Ojos color esmeralda,
cabello oscuro
y tez morena
tenía la primera.

Mirada color cielo,
atrevida y seductora;
labios rojos y pelo rubio
tenía la segunda.

La tercera era un hechizo,
cuerpo de guitarra y
muy anchas sus caderas:
¡Era ella todo un emblema!

Y llegó la cuarta
con su dulce voz
y gran finura:
¡Era ella toda una hermosura!

Pero llegó la más amena
unión de todos los encantos;
la que apagó todas mis penas:
llegó una mujer puertorriqueña.

Moriré soñándote

Moriré soñando
envuelto en la noche de tus ojos.

Moriré soñando abrazado
por el fuego de tu cuerpo
calcinando uno a uno
todos mis deseos.

Moriré soñando extasiado
por tu sensual aliento
recorriendo mis adentros.

Moriré soñando con tus manos
asidas a las mías
escribiendo las palabras
que no encontramos en vida.

Moriré soñándote
en mi último suspiro
y te llevaré conmigo
y te hare mía
hasta que ya no duela
más mi herida.

Hace un año y un día

Hace un año y un día
que no la veía:
¡Ella me quería!
¡Yo la quería!

Hace un año y un día
¡Quién lo diría!
Ella me decía
que solo era mía.

Pasó el tiempo
y no la volví a ver
mas hace un momento
me ha vuelto a estremecer.

Su prolongada ausencia,
no borró aquel ayer
y hoy ante su presencia,
sentí desfallecer.

¡Bella mujer!
Comandante de mis sentidos,
verdugo de mi corazón herido;
causante de mi demencia.

Que se vaya, hoy prefiero,
a sentir el rojo hierro
de su seductora mirada
dentro de mi alma enamorada.

Que prosiga su camino,
que el mío yo continuaré;
no está en mi destino,
ya no la amaré.

¿Cómo puede una rosa
ser tan hermosa
y de espinas carecer?

¿Será acaso que las suyas,
hace un año y un día,
se clavaron dentro de mi ser?

Céfiro

Céfiro dulce que vagando al lado
entre las frescas purpurinas flores—
con suave beso robas sus olores
para extenderlos por el verde prado.

Las quejas de mi afán y mi cuidado
lleva—a las que—al mirar mata de amores.
Dile que aún alivia mis dolores
y da consuelo a mi ánimo angustiado.

Pero no vengas, no. Si los vieras,
transformados están mis labios por claveles
y el aroma de ellos gustar quisieras—

cuan con las otras flores hacer sueles—
aunque a mi mal el término pusieras
tendría de tu acción celos crueles.

Gota de lluvia

Gota de lluvia que del cielo cae
y apresurada a tu ventana toca
dile que el celo a mi vida agota
en esta mañana que la brisa evade.

Apoteósica divinidad

Transparente e inefable
cual música celestial;
apoteósica divinidad
ofrendando virginidad.

Al unísono el diapasón
en efímeros suspiros
envolviendo el aire
con fluídos de pasión.

Mudos murmullos
escapando al infinito
de un ardiente capullo;
penetrado laberinto.

Ritmo interminable
de vibraciones fulgurantes;
gozo pluralista
de etéreos amantes.

Invisibles átomos en descontrol
gimiendo en desespero
por obtener primero
del óvulo el control.

¡Vida engendra vida!
¡Placer engendra placer!
¡Qué sea lo que ha de ser,
antes de desaparecer!

Suspiro

Cuánto dura un suspiro
preguntáronle al viento.
—Cuando el amor se desnuda
y llena tu alma un momento
y sus labios perfuman tu aliento
comienza, se extiende un suspiro
y termina según el encuentro
del reflejo radiante en pupilas
que vuelan sobre azul firmamento
llenando de luz y alegría
a esa alma que dormida yacía.

Tus ojos

Cuando tus ojos ya no me quieran mirar,
se llenará mi alma de un amargo pesar.
Cuando tu vida a mi vida quisieras cerrar,
mi existencia así habrás de eliminar.
Cuando mi nombre ya no quieras llamar,
ya no se oirá por el cielo tu canto volar.

¡Es corta la vida!

Es tan corta la vida
y yo no lo sabía;
de haberlo sabido,
hubiese de forma diferente
vivido entre la gente.

Reencuentro

Después de algún tiempo
te volví a encontrar.
No fue nada fácil
el volverte a mirar.

Mi cuerpo temblaba
de los pies a la cabeza.
Mi voz se quebraba.
¡Qué torpeza!

Hubiese querido platicar
y decirte muchas cosas:
Unas malas…
Otras muy hermosas.

Decirte cuánto te extrañé.
Que ya no pude más querer
a ninguna otra mujer
por lo mucho que te amé.

Que en las noches no dormía;
al saber que no eras mía.
Sí. Decirte lo mucho que te amé
y lo mucho que te odié.

Decirte que mi vida quise quitar
para poderte olvidar.
Decirte que no vales nada;
ni tan siquiera una mirada.

Tanto te quise decir…
Pero mudo me quedé;
será por lo mucho que te amé
o por lo mucho que te odié.

Diluvio

En un mar de lágrimas
yo me vi el día
en que te perdí.
Nadie imaginó
lo mucho que sufrí.

No sé por qué pasó.
No hubo un adiós
cuando se marchó.
Ya nunca fui feliz;
no quise más vivir.

Día a día yo sufría.
Al cielo le pedía
que volvieras a mi vida
pero no sabía
cuánto tardarías.

En la arena me sentaba
pronunciando yo tu nombre
y desde la playa
al mar yo le gritaba
que trajera a mi hombre.

Hoy llegas nuevamente
y la llama está aún ardiente
y el amor que te tenía
ahora es más candente
que sol de medio día.

Mi cuerpo se derrite,
me abrasa las entrañas,
no esperaré a un mañana
para abrazarte, besarte
y que las ansias tú me quites.

Que ya no me atormente
la idea de un despido.
Que ya no te me vayas.
Que te quedes para siempre.
Que seas siempre mío.

Que abones este jardín
de flores muy sedientas
de ser aún regadas
en frías madrugadas
que no han tenido fin.

No valió de nada

No valió de nada
brindarte tanto amor.
No valió de nada
entregarte el corazón.

No valió de nada
el cariño que te di.
No valió de nada
lo mucho que sufrí.

No valió de nada
los besos que te di.
No valió de nada
el tiempo que perdí.

No valió de nada
las caricias que te di.
No valió de nada
el sueño que viví.

No valió de nada
todo lo que te quise.
No valió de nada
todo lo que te hice.

No valió de nada
tantas horas de placer.
No valió de nada
hacerte estremecer.

No valió de nada
poderte complacer.
No valió de nada
todo mi querer.

No valió de nada
hacerte el amor
toda la noche
hasta el amanecer.

No valió de nada.
No valió de nada
pues todo quedó
en el ayer...

Encuentro

Como rayo que cae dos veces en el mismo lugar
provocando destrucción, así son las huellas
dejadas por ti, en el fondo
de mi corazón.

Como un tornado que arrastra todo a su paso,
así tu amor ha pasado,
llevando mi vida
al fracaso.

Viviendo años de espera, se me fueron
mil primaveras, creyendo que
tú volverías, a calmarme
las penas.

Mas hoy el tiempo ha pasado y mi
vida termina su invierno.
Mi primavera habrá
empezado cuando
nos juntemos
allá, en el
infierno.

Sentencia final

Te has preguntado alguna vez
si el haberme abandonado
para volver con tu marido
valió la pena o se convirtió
en tu más trágica condena.

Condenada a no mirarme más
por miedo a lo que dijesen los demás.
Condenada a vivir con quien no amas;
mas sin embargo, noche a noche,
tener que complacerlo en tu cama.

Condenada a vivir día a día
con la persona equivocada
pero esta vez para siempre
y sin poder borrarme de tu mente.

Pero no es mi intención, nena,
recordarte lo que has hecho
y no lo digo por despecho
pero esa será tu peor condena;
tener que soportarlo en tu lecho.

Entrega total

¡Estréchame! ¡Apriétame!
          Hazme tuya esta noche.
Haz de tus deseos un derroche
          sobre mi ardiente cuerpo
ansioso de aventura y de placer.
          Hazme tuya. Toda tuya.
Toda la noche hasta el amanecer.

Bello despertar

¡Qué lindo es ver la luna
    a través de tu ventana!
¡Qué lindo es ver el sol
    por la mañana!
¡Qué lindo es estar
    junto a ti todos los días!
¡Qué lindo es saber
    que ya eres mía!
¡Qué lindo es estar
    de ti enamorado!
¡Qué lindo es tenerte
    por siempre a mi lado!
¡Qué lindo es ver
    tus ojos sonreír!
¡Qué lindo es tener
    por quien vivir!
¡Qué lindo es regresar
    a casa y saber
que con los brazos abiertos
    espera mi mujer!
¡Qué lindo es vivir

con la seguridad
de que tú me amas
de verdad!
¡Qué lindo es contemplar
tu rostro iluminado de pasión
y prisionero estar
en la cárcel de tu corazón!
¡Qué lindo es vivir
este amor que tú me das
y haber hecho por fin
mi sueño realidad!

Silencio

Quise llamarla
decirle que la amaba,
que con ella yo soñaba.

Quise llamarla
decirle que la adoro,
que la quiero
y que sin ella desespero.

Que en esta vida
ya no creo.

Que este mundo;
no es mi mundo
y que sin ti me veo
como un triste vagabundo.

Que más ya no podía
seguir sufriendo tanto.
Que lágrimas ya no tenía;
que había sido
mucho mi llanto.

Tanto le quise decir;
que una palabra
no pronuncié.

Tanto yo la lloré,
que creo,
que nunca más amaré.

Sed

Oh! Amor mío,
　　　bebe de mi fuente,
en ella hallarás
　　　agua cristalina.
Apaga en ella
　　　ese amor ardiente;
así te sentirás
　　　feliz y más tranquila.
Y si tu febril deseo
　　　en mi fuente
no se apagase;
　　　es tan puro mi amor,
que le apagaría
　　　aunque solo te besase...

Suicidio

Dos lágrimas asomaban
denunciando su dolor.
Dos lágrimas rodaban,
no las pudo contener,
al perder a su querer,
quien pagaba con traición
lastimando así su corazón.

Quería su vida quitar;
ya no podía más.
No podía evitar
su triste realidad.

¿Cuál fue su error?
No podía comprender.
¿Qué podría ya hacer?
Se moría de dolor.

Un disparo se escuchó
en medio de la habitación.
¡Oscuro todo ya quedó!
No hubo más dolor
en su destrozado corazón.

Lujuria

Hoy quiero más de ti.
　　　Mi cuerpo arde de pasión.
Hoy quiero ya sentir
　　　el fuego de tu corazón.

Ya no resisto más.
　　　Tu cuerpo deseo desnudar.
No me hagas esperar;
　　　la gloria deseo ya alcanzar.

Abstinencia

Ya no como, ya no duermo;
solo pienso en tu amor.
Tú te has ido de mi vida;
sumido estoy en mi dolor.

Yo te quise y aún te quiero
como un loco sin pensar.
Mi vida es ya un martirio
que está próxima a expirar.

Aunque formo parte de tu olvido;
eres en mi vida adoración.
Y hoy aún, cariño mío,
tiembla mi cuerpo de pasión.

El morir estando vivo,
anhelo de mi corazón,
para mí es un castigo
que me roba la razón.

Conmigo

Si te hubieras quedado
viviendo conmigo,
hubiera construido
un mundo distinto.

Si te hubieras quedado
viviendo conmigo,
besaría tus labios
en cada segundo.

Si te hubieras quedado
viviendo conmigo,
hubiera tejido
con suaves latidos
tu corazón y el mío.

Si te hubieras quedado
viviendo conmigo,
habría inventado
un amor diferente
al de toda la gente.

Si te hubieras quedado
viviendo conmigo,
del fondo del mar
la perla más linda
te hubiera extraído.

Si te hubieras quedado
viviendo conmigo,
de lo alto del cielo
la más bella estrella
te hubiera bajado.

Si te hubieras quedado
viviendo conmigo,
sobre alfombra mágica
a un mundo encantado
hubiera volado.

Si te hubieras quedado
viviendo conmigo,
en una nube blanca
un bello palacio
te hubiera construido.

Si te hubieras quedado
viviendo conmigo,
con un gran amor
tu corazón al mío
hubiera yo unido.

Si te hubieras quedado
viviendo conmigo,
¡Qué felices
hubiéramos sido!

Una estrella en mis pies

Tú has desaparecido en mi llanto
después de haberte amado tanto.
Muy tarde lograste comprender
el amor que un día yo te profesé,
en un tierno y dulce atardecer.

Mas eso es nimia historia
guardada en mi memoria
y en este radiante anochecer,
dentro de mi ser, no eres más que
una estrella en mis pies.

Y no es que hoy sea yo arrogante
ni que me llene de gozo con tu enojo
pero el destino es muy tramposo
para quien irradia luz farsante
pretendiendo ser fino diamante.

Y en este oscuro anochecer
tu orgullo y altivez, hoy,
por fin, lo he podido ver,
convirtiéndote esta vez
en una estrella en mis pies.

Permítanme soñar

No me despierten
si ven que duermo hoy.

Permítanme soñar
que sus jugosos
y ardientes labios
he de saborear.

Permítanme soñar
que mis manos
su cintura hoy
han de sujetar.

Que sus caderas
han de oscilar
con el ardiente roce
de nuestro respirar.

Permítanme soñar,
no quiero despertar;
a tu lado quiero estar
y tus ojos yo mirar.

Permítanme soñar
que esta noche bella
en el lejano cielo
nos vamos a casar.

Que mil estrellas
sus brillantes luces,
en esta oscura noche,
quieran apagar.

Y sin testigos más
que nuestro respirar,
traspasemos las fronteras
de este amor universal.

Permítanme soñar,
si ven que duermo hoy.
Permítanme soñar.
Permítanme soñar.
Permítanme soñar.

Depresión

Deseo ya morir.
No quiero más sufrir.
No quiero más pensar
en toda tu maldad.

Las fuerzas se me han ido
de lo mucho que he sufrido.
Nunca supiste comprender
mi manera de querer.

Mi amor todo te lo di,
el día en que te conocí.
De nada eso sirvió
pues te burlaste de mi amor.

De esta vida nada espero;
ya no tengo a quien quiero.
Nadie llamará a la puerta
de mi alma ya desierta.

Mi camino he de seguir
con rumbo al más allá,
quizá luego de morir,
alcance mi felicidad.

Mientras tú no estabas

Mientras tú no estabas,
las mariposas en su volar
sus colores al jugar
ya no quisieron desplegar.

El alegre trinar
de los coloridos pajaritos
que nos venían a visitar
no se escuchó más.

El sol se ocultó
y en la tierra
un nuevo amor
no germinó.

El río su agua estancó
y en sus márgenes
una bella flor
ya no floreció.

Mientras tú no estabas,
a los marineros en el mar,
las lindas sirenas,
ya no quisieron más cantar.

Las olas a las arenas
su beso de pena dejaron
y en las profundidades
sus lamentos se escucharon.

El arco iris su belleza
de gris tiñó en sus colores
dejando mucha tristeza
en nuestros corazones.

El universo que un día existió,
ahora carente de movimiento,
a nuestro planeta dejó
sin su azul firmamento.

Y en un mundo sin metas
se convirtió este universo;
no se escribió un solo verso
al desaparecer los poetas.

Miedo

Tengo miedo de tus ojos al mirar,
de tu dulce forma de sonreír,
de tus ardientes labios al besar,
de tu movimiento al caminar,
de por tu amor un día sufrir.

Tengo miedo de tus caricias
que roban toda mi energía,
de forma lenta y sin prisa,
haciéndome sentir día a día
que mi vida es tuya y no mía.

Tengo miedo de tu pensamiento,
de cuando callas y nada dices;
de cuando dices y nada callas,
de cuando hablo y no miento;
de cuando miento y no hablo.

Tengo miedo a esta sensación
que confunde a este amor.
Tengo miedo a esta obsesión,
a esta nueva y extraña ilusión
que aprisiona a mi corazón.

Despertar sin ti

Despertar en un amanecer
sin luna y sin sol.
Despertar y estar sin ti;
es lo mismo que morir.

Los segundos se tornan días,
los minutos en lentos rebaños
de impaciencia y de años,
que acaban con el alma mía.

Despertar sin ti a mi lado,
sin tu sonrisa ni tus besos.
¿Cómo soportar todo eso?
Me siento muy desesperado.

Despertar sin ti a mi lado
sin tu caricia ni respiración,
no sé por qué ha pasado;
siento que muero de pasión.

Fastidio

No me quieras tanto
que un amor así
hace daño;
tu amor podría
convertirse en llanto
y el mío ...en desencanto.

Agonía

Te amo como nunca
a nadie amé.
Con mucho amor
a ti yo me entregué;
sin pensar que un día,
por tu amor, yo sufriría.

¡Cómo sufro al pensar
que nunca más tú volverás!
Amándote como te amo.
¿Por qué me causas
tanto daño?

No te vayas mi amor.
No te vayas por favor.
No me dejes navegando
en este pozo de dolor
causado por el llanto
de este triste adiós.

Te deseo buena suerte,
amor de mi vida,
aunque tu partida
signifique para mí
la muerte.

Déjenme llorar

Déjenme llorar.
Quiero con mi llanto
borrar el desencanto
que hoy me hace temblar.

Déjenme olvidar
este gran dolor,
culpa de un amor
que llevo en el corazón.

No me den pañuelos;
si fui su ceñuelo,
mis lágrimas hoy
a enjugar no voy.

Quiero con mi llanto
cicatrizar la herida
y dejar perdida
a la que un día
me juró lealtad.

Déjenme llorar,
déjenme olvidar,
que se oiga mi lamento
del dolor que siento
hasta el más allá.

Sufrimiento

Te quise…
y los labios me mordí.
Te adoré…
y en mi pecho
un llanto escuché.

Mas solo yo sabía
que aún yo la quería.
Mas solo yo sabía
que mi corazón
aún sufría.

No quise renacer
un amor que ya se fue.
No quise encender
la hoguera de un amor
que ya hoy no puede ser.

No quise darle gusto
a la vida
de que me juzgara,
sentenciara y condenara
por el mismo delito otra vez.

No quise darle gusto
a la vida
de que me resucitase
y enterrase
por segunda vez.

Ironía

Entre más la quieres;
más te desprecia.
Entre más la desprecias;
más ella te quiere.

Así es el amor...
uno egoísta;
que de todo recibe.
Otro pacifista
que todo lo da,
y a cambio,
nada recibe.

Es la ley de la naturaleza
aunque a unos
les cause tristeza.
Es la ley de la vida
y a otros les brinda alegría.

A mí me tocó siempre dar;
nunca nada recibí de las demás.
Muy tarde llegas a mi vida;
pues en mi corazón
no cabe otra herida.

Perdóname si solo recibo hoy
y nada a cambio yo te doy.
Ya no tengo más amor
para entregar;
no puedo amarte,
como cuando amaba de verdad …

Amor desesperado

Cuanto más te miro; más te deseo.
Cuanto más me deprimo, más te veo.
¡Qué sufrimiento tan enfermizo!
¡Ay! No te miento; eres mi hechizo.

Mas tú mis poemas al viento lanzas,
llenos de versos con alabanzas.
Es un castigo, el que tú ignores,
mi poemario, lleno de amores.

Es tu mirada en noche estrellada,
resplandeciente de madrugada.
Mujer hermosa; estrella lejana,
fresca rosa de la mañana.

Eres mi diosa, para adorar,
niña preciosa, sobre mi altar.
En mi desierto; un espejismo,
en tu camino; seré tu destino.

En mi delirio, yo te persigo.
¡Oh, bello lirio! Ven ya conmigo.
Calla silencio que duerme ahora.
Deja que sueñe; viene la aurora.

¡Cuánto te amo, gran amor mío!
No sufro en vano, yo lo he querido.
Toma mi mano, bella nodriza,
dibuja en mi alma, tu dulce sonrisa.

Abre tu puerta, niña encantada;
deja penetre, tu ardiente morada.
Deja fundir con mis labios tu aliento;
labios que abrasan, desde hace tiempo.

Consejos

Es muy fácil aconsejar
en asuntos del corazón:
"No sufras más",
te aconsejan los demás.

"Déjale, vete a bailar,
le tienes que olvidar,
encuentra alguien que te dé
lo que no te quiso dar".

Es muy fácil aconsejar
cuando no se está en el lugar
de quien sufre en ese momento,
de quien no siente; lo que siento.

Pero mientras tanto,
¿Cómo paro yo mi llanto?
¿Cómo hago para olvidar
a ese ser que amo de verdad?

Cupido

No te dejes engañar
por los trucos del amor;
te invita amar
y a entregar tu corazón.

Trae cara de inocente
al principio de la relación,
pero dentro de su mente
se esconde un vil ladrón.

Confunde tus pensamientos,
juega con tus sentimientos,
se apodera de tu tiempo
y te sube al firmamento.

Tu sueño robará,
entre más fuerte es la pasión
que guardas en el corazón,
cuando amas de verdad.

Cuando de ti se marcha,
es una nueva historia
que queda en tu memoria
como imborrable mancha.

Se despide de muchas formas;
sin reglas o sin normas,
en silencio o con reproches,
por el día o por las noches.

Como quiera que lo haga
el dolor siempre es el mismo;
te sumerge en un abismo
a la hora que se vaya.

Sigue mi consejo amiga o amigo
pues Cupido es tu enemigo;
no entregues todo tu amor
o sabrás lo que es dolor.

Amar sin ser amado

Si mencionas el nombre
de otro hombre
al que has amado;
me quedo callado.

Las aventuras del ayer,
en ti, están presentes hoy.
Es otro; yo no soy
quien te hace padecer.

Y cuando triste sonríes
y tu mirar la alegría implora;
la razón de mí se ríe
mientras mi corazón llora.

Me quedo callado
al sentirte ausente
aunque estés presente
y estés aquí a mi lado.

Me quedo callado
pues estoy enamorado.
Perderte ya no puedo
y a eso, hoy le tengo miedo.

Me quedo callado
si en una canción,
tus ojos se humedecen
y desgarran a tu corazón.

Me quedo callado
pues este es mi destino;
yo escogí el camino
de amar sin ser amado.

Naufragio

Como en barco de papel
mi amor un día navegó;
a pique se me fue
causando un gran dolor.

Como niño sin razón
mi llanto no pude contener;
al perder a la mujer
que robó mi corazón.

¿Cómo haré para olvidar?
¿Cómo haré para calmar
el llanto y desesperación
de mi afligido corazón?

¿Cómo haré para vivir?
¿Cómo haré para soportar
este gran dolor
por la ausencia de tu amor?

En otro barquito de papel
mi desilusión embarcaré;
esperando que naufrague
o pronto moriré.

Suerte furtiva

Que te regale las estrellas,
eso es imposible en la realidad
y aunque las bajara a todas ellas;
jamás me llegarás a amar.

Porque yo vivo sufriendo
y por dentro maldiciendo
mi suerte tan furtiva
de no tenerte hoy cautiva.

Sabes bien que tu corazón,
a ese hombre, ya no ama
y mientras duerme en tu cama,
yo pienso en ti, como sabrás.

Este pensamiento en soledad,
presente en nuestra amistad,
es mi más acérrimo enemigo
dándome el castigo,
de no poder contigo estar.

Decide de una vez,
ya no me hagas padecer.
Habla ahora o calla
pero ya no te me vayas
pues me vas a enloquecer.

Y si por lástima has de venir,
hoy estoy tan desesperado
que a mi corazón no voy a decir
que el tuyo no está del mío,
ni tan siquiera enamorado.

Calendario

En enero fingió un amor verdadero.
En febrero creí que su amor era sincero.
Llegó marzo con su primavera;
me sentí inseguro por vez primera.

En abril la tibia brisa
trajo consigo mucha prisa;
ya no hubo una caricia
ni el color de una sonrisa.

Ya para las lluvias de mayo,
su amor era todo un ensayo.
En junio, julio y agosto
su cariño fue muy corto.

Septiembre, octubre y noviembre
fueron de mucha tristeza
y ya para diciembre,
se mudó de nuestra pieza.

Temeridad

Sí. Renuncio a su querer
de una vez y para siempre,
al ayer aún latente
de un amor que ya mi mente
olvidar tiene que aprender.

Renuncio al resplandor
de su ardiente mirada,
de sus brazos al calor,
de sus besos al sabor,
en una noche estrellada.

Al renunciar a todo ello
mi vida pongo en juego;
ya no habrá Dios en el cielo
que juzgue a un ser malo
de uno bueno...

Copas

Una copa de vino
        sumada a una
de mi amor
        y a otra de dolor;
solo tú, primor,
        saciar tu sed podrás,
con la sangre
        de mi corazón.

Alegría

Tú eres alegría.
Tú eres el color
y a mi triste día
le traes el sabor.

Tú eres felicidad.
Tú eres la inspiración
que llena de ansiedad
a mi maltrecho corazón.

Tú eres amor.
Tú eres dulzura
y con tu hermosura
despiertas mi pasión.

Tú en fin, en mis noches
de grandes emociones,
eres todo un derroche
de excitantes gemidos
en que se adormecen
todos mis sentidos...

Cansada

Ya me cansé de esperar
por quien dice que me ama.
Ya me cansé de estar
sola en la cama.

Noche a noche
la misma historia:
Tú con la otra
y yo aquí sola.

Esperando del teléfono
el sonido, el timbrar,
para por fin escuchar,
que en mi nido, no estarás.

Mi corazón herido
bastante ha sufrido;
ahora saldré a buscar
mi futuro marido.

Saldré a buscar
quien quizá traiga consigo
mi anhelada felicidad
y haga, por fin,
mis sueños realidad.

Punto final

Sin ti podré saborear
las mieles del mundo.
Sin ti podré navegar
el mar tan profundo.

Sin ti veré que en la vida
aún existe alegría
y que del azul del cielo
emana brillante energía.

Mas sin ti, mis anhelos,
nunca en mis sueños
se harán realidad.

La tierra no abrazará
más a la lluvia clamando
a la dulce semilla
despertar una espiga.

Y en el sombrío
de la noche el estruendo
seguiré yo muriendo.

Y mi beso en ausencia
borrará tu presencia,
en un vano delirio
de llevar al olvido,

lo que en día florido,
la luna en su espejo
recorrió en tu pecho
la flamante dulzura
de un leve pesar,

que en breve aventura
dio punto final,
a la más bella historia
de un amor celestial.

Ilusión

Quizá, quizá me ilusioné tanto contigo
que ya no puedo ser tu amigo,
porque sin yo quererlo
mi vida es ya un infierno.

Infierno más cruel que el de Dante,
más amargo que la hiel;
recrudece a cada instante
dentro de mi mente tambaleante.

Este mi amor es...
más fuerte que un huracán,
más ardiente
que la lava de un volcán.

Este mi amor es más claro y puro
que una gota de rocío en la mañana;
más sonriente que ese sol
que asoma a tu ventana.

Quizá, quizá me ilusioné
tanto contigo ...
que ya no puedo
ser tu amigo.

Soledad

Navega un barco
en la oscuridad,
vaga mi alma
en la soledad,
transita callada
en la madrugada.

La nave se aferra
a un puerto de luz,
mi espíritu llora;
ya no estás tú.

No hay capitán
sobre su puente,
solo un dolor
aquí en mi mente.

Murmuro tu nombre;
nunca respondes.
Duermen los lirios
en la montaña.
Mi vida se apaga;
no habrá un mañana.

¡Qué amargo vino
es mi destino!
Migajas de amor
me dio la vida,
sobre mi mesa
fueron servidas,
mas ni eso hoy
es mi comida.

Dietas y ayuno.
¡Qué infortunio!
Salí de viaje
sin equipaje.

La luz del puerto
nunca se vio;
mi vida naufraga
sin un adiós…

Viajero

Por todos los mares
que yo navegué,
nunca encontré
una mujer como usted.

Viajando, viajando
buscándote a ti,
yo recorrí por aire,
por tierra y por mar
todo el confín.

Al hallarte y mirarnos
el sol se eclipsó;
en punto estratégico
él se escondió;
así nuestro amor
se fundió.

Vivimos, vivimos,
un amor sin igual,
ambos sabemos
que no existe rival,
cuando se goza
de algo especial.

Auxilio

Rayos y centellas
coronan mi frente
en esta noche de locura,
carente de estrellas,
pero llena de amargura.

Sombras tenebrosas
son mis pensamientos,
que como fantasmas
rondan mis adentros,
provocando sin demoras
con el paso de las horas,
un fuerte agitamiento.

En mi mundo existía luz
cuando me mirabas tú;
hoy que ya te has ido
mi vida ha sucumbido,
ya no soy el mismo
y en un oscuro abismo
me encuentro sumergido.

Ven y reverdece mis pasiones
no permitas que se acabe
un mundo de ilusiones;
utiliza ya la llave
dando paso a la pasión
que guardas en tu corazón.

Nuestra alameda

¿Adónde va el amor
cuando se acaba,
dejando un gran dolor
en el fondo del corazón?

¿Adónde huye el sentimiento,
que una vez trajo la felicidad,
dejando en mi aposento
una inmensa soledad?

Su escondite deseo encontrar,
rogarle que se vuelva a mudar,
que ocupe la misma habitación
dentro de tu dulce corazón.

Que el tiempo retroceda,
que camine la alameda
que una vez la trajo a mí,
que sin ella; no puedo más vivir.

Que llanto no me queda más,
que ya la tengo que besar,
que no me haga más sufrir
o pronto he de morir.

Cataclismo

Cuando el mar sus olas no meza
y en su horizonte solo haya tristeza.
Cuando las flores no den sus colores
y el perfume de sus pétalos desaparezca.

Cuando la luna en triste agonía
a la tierra no le sonría.
Cuando los astros su rumbo detengan
sin que hayan fuerzas que los sostengan.

Y cuando el sol con su radiante belleza
no ilumine más a mi linda princesa;
no cambiará mi universo,

pues tú eres el más bello verso
que dará color y alegría
para siempre a toda mi vida.

Temporal

Lluvia de amor,
tormenta de ilusiones,
huracán de sueños,
tornado de pasiones.

Fuego en el besar,
ardiente al abrazar,
deseo al suspirar,
miel en su mirar.

¡Así eres tú!
Ven calma esta inquietud,
ven calma la pasión
que guardo en mi corazón.

Hoy siento mucha prisa
de que me des una sonrisa;
enloquezco día a día
al saber que no eres mía.

Abandono

Hoy comprendí que tu amor
se ha ido de mi vida
dejando una gran herida
en el fondo de mi corazón.

¿Cómo haré para olvidar
los besos que me dabas,
si en tus labios yo encontraba,
la felicidad por mi soñada?

La luz de tu mirar
ya nunca alumbrará
la eterna oscuridad
de mi dolorosa soledad.

Hoy mi mundo
se ha acabado
al dejarme solo,
triste y abandonado.

Mi mundo es diferente,
has cambiado
todo en mi ambiente:
estoy desorientado.

La sonrisa de mis labios
se ha marchado,
sin tan siquiera dejar
la huella de un pasado.

Falso amor

Si tu amor era sincero,
¿Por qué me dijiste:
"Ya no te quiero"?
Si tus promesas
no eran embustes,
¿Por qué me dijiste:
"Ya no me busques"?

Fue fácil para ti
el olvidar
que solo yo
te supe amar.
Fue fácil olvidar
que yo te amaba
de verdad.

Mi mundo deshiciste
en un instante,
la soledad de mí
se apoderó,
la sonrisa de mi rostro
se borró,
el día que te fuiste
con tu amante.

Tinieblas

Por el mundo en tinieblas voy,
ya no sé ni quién yo soy...
Mis pensamientos
se sumergen en la niebla,
ya no sé ni adónde estoy.

Solo el recuerdo me acompaña;
el recuerdo de un adiós,
ya no habrá un feliz mañana
para mi despreciado amor.

¿Y qué es la vida sin un amor?
¿Y qué es la vida sin una ilusión,
cuando te pagan con traición
y sangrando dejan a tu corazón?

Al cielo alzo mis brazos
llorando lágrimas de amargura
y pregunto en mi locura:
¿Por qué se han roto nuestros lazos?

Respuesta creo nunca encontraré
a tu infame decisión,
mas siempre yo te llevaré
dentro de mi corazón.

El embustero

Al principio sabe a miel
pero luego sabe a hiel.
Así es su amor en una relación;
al final te rompe el corazón.

Sus promesas se las lleva el viento;
son puñales que se clavan muy adentro.
Es una persona muy infiel;
no confíen más en él.

Mujeres sigan mi consejo
si todavía están a tiempo;
si no, mírense en mi espejo
y verán mi sufrimiento.

Escuchen a quien les aconseja;
no le creas a ese hombre,
pues hoy el amor te lo sirve en bandeja,
pero mañana se olvida de tu nombre.

Falsas promesas

Tú decías amarme;
yo creía en tus palabras.
Tú me besabas;
mientras yo te hacía mía.

Navegando sobre mares
de placer, te entregué
cuerpo y alma en un ayer,
que ya hoy no puede ser.

Aléjate y no vuelvas más,
contigo ya no quiero estar;
llévate tus mentiras,
tu engaño y tu maldad.

Vete ya con tu traición,
llévate esas falsas promesas
que tanto ilusionaron
a mi iluso corazón.

Triste ironía

¡Qué ironías nos brinda la vida!
Todos tenemos nuestra sorpresa;
unos se van y otros se quedan
sumidos siempre en su tristeza.

Tú te marchaste de mi lado
mientras yo sufría muy enamorado;
en tu retorno yo pensaba
y en el altar del recuerdo
tu imagen veneraba.
Por el día te añoraba
y en las noches
contigo yo soñaba.

Mas hoy el destino
te trajo hasta mi puerta;
tarde, muy tarde, ha sucedido...
prosigue tu camino
pues para mí
ya tú estás muerta
y déjame, déjame solo,
en mi tristeza ...

Castigo

Lo tenías todo ya planeado
con mucha imaginación,
el día que te marchaste de mi lado
y gozaste tu traición.

Lo tenías ya planeado
con mucha anticipación,
no te importó nada
burlarte de mi amor.

Tú vas por una senda
y yo por otra voy,
mas eso ya qué importa;
si muy feliz yo soy.

Ya algún tiempo ha pasado
y cambiaron nuestras vidas,
mas tú lo que has logrado
es sangrar por tus heridas.

No me alegro de tu suerte
pero lo tenías merecido;
porque el error que habías cometido,
no lo pagarás ni luego de tu muerte.

Tiempo al tiempo

Y pensar que un día yo creí
que sin ti me iba yo a morir,
que la tierra se abriría
y a mí me tragaría.

Que sin la luz de tu mirar;
jamás mi rumbo iba a encontrar,
que la miel de tu besar
en otros labios no iba hallar.

Temblaba de solo pensar
que conmigo no pudieras más estar,
en mi triste imaginación
no había espacio para otra ilusión.

Mas hoy feliz me siento
al saber que tú te has ido
y dentro de mi corazón
un nuevo amor ha florecido.

Imaginándote

Es tu mirada núcleo y eje a la vez,
creadora de mágicos destellos
que hoy forman parte de mi ayer;
de esos momentos bellos
que hoy me hacen desfallecer.

Hoy, cierro mis ojos
y miro por doquier,
rayos esmeralda
adornando una bella flor
convertida en mujer.

Hoy, cierro mis ojos
y miro por doquier,
rayos color cielo
realzando a una diosa
convertida en mujer.

Hoy, cierro mis ojos
y miro por doquier,
tu dulce y sonrosada boca
acariciando entreabierta
mis labios embriagados de placer.

Colmena

Perfume de azucena
emana de tu piel;
tu cuerpo es una colmena
llena de exquisita miel.

Como dos luceros
son tus ojos,
como oscura noche
tu larga cabellera.

Como dos rosas
son tus labios rojos,
que me tienen loco
por la espera.

Llegaste a tiempo

Hoy mi mundo es diferente;
siento la alegría en el ambiente,
la sonrisa permanece en mi semblante,
al igual que en el resto de la gente.

Llegaste cuando más te necesitaba;
cuando más solo y triste me encontraba,
llenando mi corazón de alegría;
cambiando con tu amor toda mi vida.

Ya no habrá más tristeza;
ya no habrá más soledad,
solamente la certeza
de amarnos a la brevedad.

Alborada

Los resplandores del sol
iluminando están la habitación
y entonando se hallan en tu cuna
una muy linda canción.

De sueños y fantasías
la infancia te colmará
y criatura más consentida
en este mundo no se verá.

Despierta, sonríe con alegría,
resplandece tus colores;
anuncia hoy un nuevo día,
mariposa de mis amores.

Felicidades

Un año más engalana tu vida.
Dicha, felicidad y alegría
a ti—amor de mi vida—
te deseo en este tu día.

Por los senderos del bien
tus pasos te han de guiar;
son las ansias de quien,
nunca te habrá de olvidar.

Te necesito

Te necesito como
el tiempo a la distancia.
Te necesito como
el mar al ancho río;
como el pez
a la cristalina fuente.

Te necesito
en mi imaginación
caminando hacia mí
con el vaivén de las olas,
contorneando en cada paso
tu figura encantadora.

Te necesito como
el impulso de la sangre
al corazón
para unir con sus latidos
tu tierno amor al mío.

Y al igual que la rosa
necesita del rocío;
así también
yo necesito
tu nombre junto al mío.

Felicidad

Aún no se apagaba
en mí aquella vela
que con tu amor un día
dejaras encendida
muy dentro de mi corazón
alimentando la ilusión
de poderte abrazar
y tus labios yo besar.

Ahora me siento muy feliz
de que sembraras este amor;
es profunda su raíz.
Eres el ser que amo de verdad.
Hoy has vuelto a nuestro hogar;
ya no tendré más soledad,
mi sueño, por fin,
lo has hecho realidad.

Perdón

En mi jardín, ni la azucena ni la rosa
se atreverían a competir contigo;
ya que el resplandor de tu belleza
para el mismo sol es cruel castigo.

Tu bondad y dulzura
son tu inmensa riqueza,
sumadas a tu inigualable belleza,
símbolos son de tu hermosura.

Ante esa tu gran dignidad,
únese la piedad de tu corazón
y hoy con gran humildad
de ti yo imploro tu perdón.

Frío amanecer

Hoy mis brazos extendí
buscándote otra vez.
¡Qué frío amanecer!
Estaba ya sin ti.

No estabas a mi lado;
te fuiste para siempre.
¿Cómo borrarte de mi mente,
si siempre yo te he amado?

Estoy desesperado,
siento enloquecer.
¿Qué yo voy hacer?
Me has abandonado.

Tus besos nunca más tendré,
no quiero ya saber
de ninguna otra mujer
que se burle de mi ser.

Lanzaré mi amor al río,
me siento muy herido;
mas aún no me arrepiento
de haberte conocido.

Mentiste al jurar amor eterno;
me siento muy enfermo,
te fue fácil olvidar
mi forma de besar.

Si algún día el destino
te pone en mi camino,
acuérdate primor
de todo mi dolor.

Caprichos

Suspiras y sonríes
delicada rosa;
callas y contemplas
niña primorosa.

A veces ríes.
A veces estás llorosa.
Sé que me amas;
que me quieres de verdad,
que soy el ser que adoras
y te da felicidad ...

Serenata

He venido a la orilla del mar
a cantarte una canción especial.
He venido pensando quizás,
que al nuevamente mirarnos,
tú ya no te quieras marchar.

He venido con amorosa sonrisa
y palabras de amor a cantar;
con deseos ansiosos, mi vida,
de que por fin, hoy decidas
que a mi lado te vas a quedar.

Cantaré las más dulces canciones
que jamás poeta haya compuesto.
A través de las constelaciones
mis melodías presto viajarán
para decirte que contigo quiero estar.

Nuestros palpitantes corazones
como niños impacientes jugarán
entre la blanca espuma del mar;
rítmicas olas atestiguarán
el amor que hoy te vine a entregar.

Las horas lentas han pasado
y aún tú no has llegado.
Mañana, igual que ayer,
a esta orilla del mar regresaré
a cantarte otra canción especial...

Sistema Planetario Solar

He viajado por el Sistema
Planetario Solar.
He ido a investigar
el por qué del lindo brillo
de tus ojos al mirar.

Un coro de ángeles
me ha dicho que tu canto
no es igual; que vuelvas pronto
para completar con tu dulce voz
la bella nota celestial.

Por el espacio viajaré mirando modas;
con las estrellas adornaré
tu velo y tu corona
y con las nubes yo te haré
el más bello traje de bodas.

Rumores

No hagas caso mi bien,
de lo que comente la gente,
total, ellos no saben
lo que tú sientes.

Yo te amo y adoro
de verdad;
deja que murmuren.
¿Qué más da?

Yo te demostraré algún día
que después de ti no amaré
a más nadie en esta vida;

pues tú eres la joya más querida
que en mi pecho llevaré
siempre prendida.

Dilema

¿Por qué te tengo que dejar?
¿Por qué te tengo que olvidar?
¿Por qué en vez de odiarte;
cada día te amo más?

¡Cuántas veces callé,
y mi llanto refrené!
¡Cuántas veces evité,
sufrir como sufrí ayer!

Síntomas del amor

¿Has sentido alguna vez
cómo el alma desvanece
sin saber tú qué hacer?

La desesperación crece,
pérdida de memoria,
de sonrisa y lucidez.

Tu figura se transforma
en simple sombra
sin ninguna brillantez.

¿Has sentido alguna vez
cómo el alma desvanece
sin saber tú qué hacer?

Pérdida de apetito,
de sueño y sensatez;
deseas desaparecer.

Todo vacío está;
nada existe ya.
¿De qué vale mi vida
si nunca más volverá?

¡Qué será de mí!

No quiero ni pensar
qué será de mí
si tú te vas.

No quiero imaginar
qué será de mí
si no te miro más.

¿Cómo olvidar
los besos que me das?
Si son ellos los que
me hacen suspirar.

Cuando me besas
siento mis dudas disipar;
de que tú algún día
me dejarás de amar.

Cuando juntos caminamos
tomados de la mano,
siento la ilusión
de que viviré por siempre
dentro de tu corazón.

Una vez más

Vuelve a sentir
las caricias
que un día
te hacían sufrir
y vibrar de emoción.

Vuelve a oír
mis notas de amor
que en más de una noche
en mi dulce canción
canté a tu corazón.

Verás que la luna
brillará más clara
cuando tus ojos
miraren a través
del fondo de mi alma.

Y en cálido abrazo,
en un nuevo hechizo;
soñemos juntitos
que tú eres ya mía
y yo soy tuyito.

Lumbre

Y si queriendo encender una noche,
las antorchas de mi corazón al rojo vivo,
de su letargo quizá despierte muy herido
por el tormentoso amor
que me has ofrecido.

Mucho tiempo en silencio he soportado
el mal trato y reproches que me has dado;
tanto de día como de noche me has ignorado
y en mi pecho, mis gritos de angustia, he
encerrado.

Nunca olvidaré todo lo que me has hecho;
aunque mi amor por ti,
lo llevaré dentro de mi pecho,
pero lo que jamás te perdonaré
es que hayas olvidado nuestro lecho.

Flor de azalea

¿Es que tú,
  hermosa flor de azalea,
no te has dado cuenta
  que mi pena es gigante?

¿Es que tú,
  bella y fragante flor,
no te has dado cuenta
  de mi estado delirante?

¿Es que tú,
  dulce inspiración,
no te has dado cuenta
  que mis pasiones se enardecen
y en mis adentros se enfurecen?

Sobre todo al saber
  que tú siendo mi amante,
otro hombre de tu belleza
  siempre vigilante,
mis esperanzas ahogó
  él triunfante.

Amor y primavera

Cuando el amor se va,
al igual que la primavera;
llevándose con ella
su belleza verdadera,
sin que nadie
lo pueda remediar;
sentimos con tristeza
lo que hemos perdido...
y queremos retornar
hacia el pasado
y pedirle a ese ser amado
que vuelva y se quede
por siempre a nuestro lado,
mas lloramos al saber
que tarde es para renacer
un amor que ya hoy
no puede ser.
Vertimos lágrimas
y balbuceamos palabras
al oído de nuestro corazón;
palabras sin sentido

que carecen de razón;
gritos muy ahogados
que poco a poco
van desgarrando a
nuestro moribundo corazón.

Petición

¿Por qué pides que me calle
si eres el amor de mi vida
aunque a otro le cause una herida
cuando sepa que me amas?

Nuestros destinos estarán unidos
sin importar la distancia;
yo te esperaré con mucha ansia
para juntar tus labios con los míos.

Sin palabras

¡Qué muchas palabras
en mi garganta se ahogaron
el día que de tu vida
me borraste para siempre!

Quise rogarte;
decirte que te quedaras.
Quise explicarte;
pedirte que no te marcharas.

Que tú eras todo en mi vida.
Que sin ti ya no sería
feliz un solo día.
Que sin ti; yo moriría.

Mis pensamientos no expresaron
lo que mi corazón a gritos imploraba.
Mis pensamientos solo fueron
un llanto ahogado y muy desesperado.

Inolvidable

Un amor como el tuyo
imposible será de olvidar;
no hay ser en este mundo
que las lágrimas
pueda refrenar.

Separarnos hemos de,
besarnos un sueño será,
intento inútil rehacer
un ayer que ya hoy
no puede ser.

Desesperación

Una sonrisa, una mirada,
pero no me dices nada.
¿Hasta cuándo te vas a decidir;
no ves que me siento ya morir?

Habla pronto, no me hagas soñar.
Ya más no puedo esperar
por ese día en que tú vendrás
y por fin me besarás.

Obsesión

Lenta como la miel al caer;
así tardó mi tristeza en desaparecer.
Rápido como el vuelo de un halcón
se fugó el amor de vuestro corazón.

No puedo aún creer
que todo el querer
que día a día yo te di
hoy no exista para ti.

Mi corazón se niega a aceptar
que hoy te tenga que olvidar;
no quiere comprender
que ya me dejaste de querer.

Mi corazón no despierta de su sueño
al creer aún que es tu dueño;
ciego está a la realidad
de que el tuyo está lleno de maldad.

Pétalos

De tus rosadas mejillas
un brillo singular destella;
no sé si es tu sonrisa
o el color de tu mirada bella.

Soy yo

Si entre las ramas escondido
escuchas el trinar de un pajarillo
o
si en tu jardín has oído
el triste lamento de un grillo.
No lo dudes, mi amor, soy yo,
que te sigo en todo momento
para decirte cuanto te amo
y
lo que por ti yo siento.

Luz fugaz

Luz fugaz que tocaste mi corazón
creando en mí la ilusión
de tu amor algún día
poder yo alcanzar.

Luz resplandeciente
que al pasar
atinaste a cambiar
mi manera de pensar.

Mi permanente tristeza
convertiste en felicidad;
hubiese yo deseado que fuese
para toda una eternidad.

Mas fugaz como tu resplandor,
así mi dicha tardó en desaparecer,
quedando yo peor que antes;
con la resta de un feliz ayer
y la suma de un triste amanecer.

Contradicción

Mi mente dice no;
sí, me dicta el corazón.
¿A cuál le hago caso
después de mi fracaso?

El orgullo no me deja hablar
cuando te llamo por mi celular;
herido muy herido estoy.
¿No sé qué hacer hoy?

Me confunde esta indecisión
que atormenta a mi pobre corazón.
¿Qué haré con este padecer?
¡Creo que voy a enloquecer!

Libertad

Un día la paloma
de su nido se alejó;
buscando nuevos rumbos
contenta ella voló.

Volando y cantando
alegre se marchó;
solo y abatido
a su amor ella dejó.

De dichas y placeres
el mundo la colmó;
sus pasados amores
ya nunca recordó.

¡Danza en el cielo!
¡Evoca tu canción!
Vuela por los aires,
al compás de un bello son.

Alcoba de cristal

¡Qué lindo es ver la luna
y ponerse a soñar
que tú estás conmigo
en una alcoba de cristal!

Y adyacente a sus rayos
contemplar del universo
las constelaciones a través
de nuestro nido de cristal.

Yo soñaría en ese instante
que un coro de ángeles
cantan a tu alrededor

aunque al despertar
mirase a las estrellas
envidiando nuestro amor.

Juventud

Ya no queda ni una flor;
es un jardín desierto.
Solo hay gemidos de dolor
de un lamento en secreto.

Los aromas se han alejado,
dejándonos maravillados,
al secarse las fragantes flores
llevándose consigo sus colores
de aquella inolvidable juventud.

Las que al igual que tú
se fueron con el tiempo
dejando en el firmamento
una estrella apagada
de un alma enamorada.

Niña temprana

Eres fresca rosa de la mañana;
reluciente niña temprana.
Soy un desierto;
tú mi espejismo.

Soy alma de muerto;
muero ahora mismo.
En ti mi vida se posa,
febril mariposa.

Eres flor del desierto;
soy tu destino.
Revives lo muerto
en tu camino.

¡Oh , bello espejismo!
Ven ahora mismo.
¡Oh, fresco oasis!
¡Cuán feliz me haces!

Yo no sé decirte

Yo no sé decirte
que es lo que siento,
solo sé decirte
que muy dentro de mí,
conservo yo tu aliento.

Yo no sé decirte
cómo ha pasado,
solo sé decirte
que yo estoy de ti,
muy enamorado.

Yo no sé decirte
cómo sucedió,
solo sé decirte
que cuando te perdí,
mi dicha se esfumó.

Yo no sé decirte
que de mi vida será,
solo sé decirte
que el cielo es gris,
desde que no estás.

Yo no sé decirte
cómo he sufrido,
solo sé decirte
que de estar sin ti,
la calma he perdido.

Yo no sé decirte
a quién yo amo más,
solo sé decirte
que aún tú estás ahí,
en lo alto de mi altar.

Yo no sé decirte
cuán celoso estoy,
solo sé decirte
que de estar sin ti,
estoy muriendo hoy.

Yo no sé decirte
y no te lo diré,
solo sé decirte
que cuando yo te vi,
mi amor te lo entregué.

Yo no sé decirte
pero hoy lo haré,
tengo que decirte
que de llorar por ti,
sin lágrimas quedé.

Enamorada

La pequeña niña llora,
        llora y canta a la vez;
no sabe mi pequeña rosa
        que su corazón,
por fin, ha vuelto a renacer.
        Aún tú no lo sabes…
y yo, hace tiempo que lo sé.

Amor especial

Consagrado he mi amor a ti
por toda la eternidad;
sueños lejanos que no volverán,
recuerdos que en mi vida
ya nunca borrarse podrán.

Tu amor y mi amor
nunca fueron igual
al de amantes comunes
que no saben amar.
Trágico es mi dolor
que encierra
una herida mortal.

Y aún cuando el tiempo
borrase los años
de gran variedad;
escucharás a través de lo lejos
mi voz llamándote cerca,
ofreciéndote un amor sin igual.

Gota a gota

Sangrante tengo una herida,
    cada gota al compás
de un mismo son,
    va derramándose
por ti, querida,
    la sangre de mi corazón.

Voy muriendo ya mi amor,
    voy muriendo de pasión
y terrible es el dolor
    que siento, aquí,
en mi corazón ...

Triste realidad

Nunca yo creí que por ti
un día iba yo a sufrir.
Nunca yo pensé que a tus pies
mi vida iba yo a poner.
Nunca pude imaginar
que por tu amor iba yo a llorar.

No hallo solución
a la desesperación que siento
en mitad del corazón.

En poco tiempo yo te di
un amor sin condición,
pero nunca yo creí
que pagarías con traición.

Fui usado a tus antojos
y cuenta no me di,
ciego estaba yo por ti
pues la mentira
no miraba yo en tus ojos.

Labios seductores

De la naranja me gusta su jugo
y la miel que tienen las cerezas
pero lo que más me agrada
es el sabor de tus dulces labios
cuando a mis labios besas.

Búsqueda

Vivir sin un altar,
sin quien
en este mundo adorar.

Mis pasos por la vida
encaminar,
en busca de un amor,
a quien
mi vida entregar.

Solo y triste soñaré
mi sueño de soñador
y en mi subconsciente
viviré…
la gloria de tu amor.

El ánfora mágica

Frota el ánfora mágica,
frótala de una vez
quizá así de ella,
el mago te conceda su querer.

Sobre alfombra volará
desde una tierra muy lejana;
mil palacios le abrirás
esa dorada mañana.

Bufones, pajes y esclavos.
¡Todo un acontecimiento!
Cumplirán así tus deseos,
como fieles a un mandamiento.

Delirio

Miro al cielo y me pregunto:
¿Qué pasó de aquel instante?
Amor voraz de un minuto,
pasión locamente delirante.

¿Quién llamó del olvido
a mis puertas?
¿Quién sin permiso mío
dejó mi alma desierta?

Respuesta inútil;
desvarío fatal,
mano criminal
que hoy me hace temblar.

Mi niña bonita

Mi niña bonita
está sentadita
soñando en amores
entre lindas flores
de bellos colores
y agradables olores.

Juega la brisa
con dulce sonrisa;
acaricia su cuello
bajo el sedoso cabello
de la bella nodriza,
mi niña bonita.

Bajo un manto azul
lentas nubes mira pasar.
Sentadita en ese lugar
ansía vislumbrar
al príncipe azul
que sus labios ha de besar.

Si al menos supiera
que yo soy aquél
que tu alma sincera
aceptara como él;
mil besos te diera
con el sabor de la miel.

Imponente

Es altiva y orgullosa
la dueña de mi corazón;
son los ojos de mi diosa
los que me estremecen
de pasión.

Locura

Tu inmediata lejanía
me recuerda
tu lejana cercanía.

Te quise y no te quise;
locura loca sin cesar,
que una vez
me hizo olvidar,
mi manera de pensar.

Arrepentido

Vivo tan solo sufriendo
desde que tú te marchaste,
no sé si estoy vivo o muerto,
solo sé que anhelo
tenerte en mis brazos
y ya nunca separarnos jamás.

Los recuerdos me agobian
al saber que no estás,
vuelve, vuelve cariño mío,
que esta vez te sabré valorar.

Dolor

Tengo un dolor,
aquí, en mi corazón
y es debido a la pasión
que por ti yo siento.

Mas tú, ser infiel,
a mi amor haces caso omiso,
sin importarte el compromiso
que juraste el día de ayer.

Sangre

Hay sangre que no se ve
corriendo bajo nuestra piel;
escondiendo el pasado,
de un triste ayer.

Hay sangre que no se ve
con recuerdos por doquier;
con heridas de un pasado,
que mancha nuestro ser.

Circula a toda hora
sin prisa ni demora;
desplegando los matices
de profundas cicatrices.

Habita en el corazón
y también en la mirada;
siempre está presente
aunque estés ausente.

Hay sangre que no se ve
ni los doctores la detectan,
roja y amarga como el vino,
compañera en tu destino.

Circula por la mente
guardando una esperanza;
vaga entre la gente,
en el tiempo y la distancia.

Drama un día fue
de una gran pasión;
una bella ilusión
de un atardecer.

Hay sangre que no se ve
y hoy, aún, no sé por qué
conservo tu mirada
como cuando te besé.

Sin ti

Ya no podré vivir mi fantasía.
  Ya no podré vivir mi felicidad.

Nada ya podré en esta vida,
  nada, nada—si ya no estás.

Mas una cosa sí podré:
  Morir en mi soledad ....

Amordazado

Ya no calles sufrimiento
y lanza tus penas al viento.
Ya no sufras más por cosas
que mentiras o verdades son,
silenciosamente ruidosas,
engañar jamás podrán
a tu bondadoso corazón.

Grita el alma en desespero
bajo el gélido frío de la noche.
Desesperanzada en el anhelo
de romper el hermético broche
que cerró aquel sepulturero
disfrazado de dulce amante
con elocuencia de galante.

Sube a mi nave del tiempo;
sanar tus heridas es mi objetivo.
Remonta los cielos conmigo;
volaremos en mi pensamiento
más allá del benévolo olvido
y en una estrella lejana
cubriré de besos tu alma.

Ya lanza tus penas al viento.
Permite que la fuerte brisa
envuelva y transporte con prisa
el dolor que creció con el tiempo.
Sentirás el amor que yo siento
dibujando en tus ojos una sonrisa,
en este gran sublime momento.

El nido

De un nido
     volaron dos pajaritos.
De una blanca nube
     brotaron dos gotitas.
Cierra ya mi amor
     tus lindos ojitos.
No llores más
     y dame tus bellas manitas.

Te quiero

Te quiero, te quiero tanto;
mi corazón hoy sufre
envuelto en llanto
los desvaríos de tu atrevimiento.

Gritar que te quiero, sí,
a los mil vientos gritaré
que te quiero, que te amo,
que sin ti; vivir es vano.

Llanto y risa

Si en un tiempo
    tu amor me apasionó;
tu mirada y caricia
    también me trastornó.

El tiempo vivido
    y mi olvido fueron dos;
que en llanto y risa
    se fundió.

Tesoro mío

Vida. Luz. Vivacidad.
Tesoro inmenso; no tienes precio,
eres mi gran felicidad
y no me importaría parecer un necio
si por ti me tengo que humillar.

Dulzura, Bondad y Gracia;
son tus más grandes atributos.
¡Oh ! Vida mía , prefiero la eutanasia;
a privarme de tu amor por un minuto,
si a ese extremo, llegase mi desgracia.

Bésame

Bésame, bésame
     mi amor.
Muérdeme los labios
     con pasión.
Haz que salga mi
     sangre
de lo más profundo
     de mi corazón.

Explicación

¿Cómo explicar al mundo
nuestra verdad?
¿Cómo explicar nuestra
pasada felicidad?

Nadie entendería
lo que tú y yo gozamos
a escondidas.
Ese será nuestro
secreto para el resto
de nuestros días.

Aunque nuestro amor
fue muy discreto;
la gente se enteró
de tu adulterio,
pero la víctima fui yo,
pues me enviaste
al cementerio.

Yo no tuve la culpa de nada
solo sé que te amé
como a nadie he querido
y me duele mucho hoy
el yo haberte perdido
sin habérmelo merecido.

Cenizas

Su calor de verano
una vez me arropó;
las nieves de mi invierno
un día derritió.

Mas la flama de mi amor
hoy se apagó
y el viento las cenizas
presuroso se llevó.

Te has ido

Te has ido. Soy culpable.
Me lo tengo merecido.
Acto imperdonable.
Quitarme la vida
he querido
mas no he podido
porque guardo en mi
la remota ilusión
de que duerma en ti
un hilo de compasión
que te haga volver
a soñar otra vez
en un nuevo amanecer
y que llegue a encender
un rayo de luz
haciendo renacer
en todo tu ser
la llama que tú
supiste mantener
en ese bello ayer
de locura y pasión
junto a mi corazón.

Sí, mantengo una esperanza
agonizante, agonizante,
agonizante como mi alma
que muere paulatinamente,
de tanto que te ama,
que desespera y se ahoga,
que no tiene calma,
con recuerdos en mi mente
como vacía estancia
sin muebles, sin cama,
pero con cuerpo ansioso
y vibrante, de ti deseoso
por desbordar
entre besos y caricias
desde su raíz;
todo este amor
que siento y
tengo solo para ti.

Espejismo

Tus palabras desvanecen
cual espejismo en el desierto,
cual fugaz estrella en la lejanía;
así mi vida desfallece
y mi conciencia ya no es mía
y en vez de seguir viviendo,
voy muriendo cada día.

Espejo

¡Oh, espejo, mi viejo
y confidente espejo!
¿Te acuerdas
de aquellas primaveras
cuando mi figura
reflejabas alegremente
y mi mirada brillante,
como estrella de oriente,
al mundo mostrabas
orgullosamente?

Espejo, espejito,
dime despacito:
¿Por qué se ha apagado
el brillo en tu mirar?
Y en este triste amanecer,
confiesa de una vez:
¿Qué va a ser
de lo que un día fue
de tu joven cuerpo
y tu esbeltez?

¿Por qué hay nieve
si aún no llueve
y presagias con tu dolor
un nublado atardecer?
¿Por qué hay líneas
por doquier;
si siempre te he cuidado
como el jardinero
cuida y brinda amor
a una hermosa flor?

Yo no te romperé
como en aquel cuento.
Yo te cuidaré
y tus líneas borraré.
Tus nieves hoy cobijaré
y en mi aposento
las ventanas abriré.
Deseo verte más contento
y que la tristeza en tu mirar
ya no vuelva nunca más.

¡Oh, espejito, espejito!
Haz un esfuercito:

Para ya tu timidez.
Cambia ya esa cara
y sonríe otra vez
como lo hacías
en aquel feliz ayer
cuando tus labios,
borrachos de placer,
saborearon las mieles
de aquellos rojos labios
por primera vez.

Condena

Fue una situación incontrolable,
característica de una enferma pasión;
de ese sentimiento inevitable
creado con el tiempo en el corazón.

Su mirada perdida en el oscuro espacio,
convergiendo por senderos de crueldad.
Sus pensamientos desfilando muy despacio;
sin conexión alguna con la realidad.

Decíase que fue de la literatura buen profesor,
maestro de maestros en el arte de redimir
al más indisciplinado y de convertir
su imagen en todo un gran señor.

Vagaba por las calles silencioso.
Sin metas y sin rumbo;
sin rumbo y sin metas,
carente de sueños en sus ojos.

No quiso saber más de amores
pues lo que causan son dolores.
No quiso saber más de ti;
dijo un día antes de morir.

De él nadie hoy se acuerda
aunque su alma ronde en pena;
cumpliendo una condena
por haber amado a quien no le amó.

Mi vida

¡Qué es mi vida!,
si no ese manto gris
que se tiende
sobre la lejana nave
próxima a zozobrar.

¡Qué es mi vida!,
si no esa mano siniestra
que en la oscuridad
mis gritos de angustia
pretende silenciar.

¡Qué es mi vida!,
si no ese sollozo de niño,
tenue, indefenso y ahogado
implorando con sus gemidos
un poco de piedad.

¡Qué es mi vida!,
si no el dolor
de esa pobre avecilla
a quien el furioso huracán
su nido viene a destrozar.

¡Trágica es mi vida
quien con su martirio
a mí me hace temblar,
cual volcán enfurecido
queriendo de momento,
en una erupción
de coraje y de maldad,
a la humilde aldea sepultar!

Monstruosidad

Ya tendría un añito
y daría su primer pasito.
Ya tendría un año
y su fiesta de cumpleaños.

Hoy tendría ya dos años
y me acariciaría con sus manos.
Hoy me llamaría mamá
y también diría papá.

Me estoy volviendo loca
y en mis sueños yo le veo.
Miro en sus labios su sonrisa
y también su tierna risa.

Hoy tendría ya tres años
y un pastel de cumpleaños;
tres velitas encendidas
y yo ninguna herida.

Hoy tendría cuatro añitos
y me diera mil besitos.
Hoy tendría cuatro añitos
y muchos amiguitos.

Hoy tendría cinco años
y por fin iría a la escuela;
su nombre escribiría
y hasta libros pintaría.

Hoy tendría seis añitos
y muchos regalitos;
una bicicleta azulita
y también mucha ropita.

Hoy tendría siete añitos
y estaría algo asustadito
pues me diría: "Mamá, mira,
se me ha caído un dientecito".

Si yo hubiera sabido
que esto me iba a pasar,
jamás a mi bebé querido
hubiese ido a abortar.

Hoy tendría él una esposa
y yo nietos adorables.
Yo misma cavé mi fosa;
soy un ser muy despreciable.

A vuestra memoria

Por fin descansaba;
ya no se oían más voces.
Por fin soñaba;
ya no habrían más reproches.

Nunca comprendió
tanta crueldad,
de un mundo sin piedad
que a él no lo apreció.

Todo siempre él lo dio
mas nada a cambio recibió,
en esa forma se marchó;
llevando un gran dolor.

Siempre muy callado
esperando un abrazo,
pero estaba condenado
a que no le hicieran caso.

Oíanse mientras agonizaba
sus quejidos lastimeros,
pues su espíritu lloraba
antes de partir al cementerio.

Sollozaba por los que dejaba,
por aquellos a quien él amaba.
"La vida es dura", repetía
y repetía en su triste agonía.

Sucedió lo que era justo
y alejose de la humanidad;
donde viviría muy a gusto
por toda una eternidad.

Familiares y amistades ya no vio,
el día que diéronle su último adiós.
Entre rumores y llanto
lo recibió el camposanto.

Poco a poco se marcharon;
poco a poco se alejaron,
ya no había más que hacer;
ya no lo volverían más a ver.

Solo muy solo,
como al mundo vino;
así se fue.

Solo muy solo,
dejando una herida
en todo nuestro ser.

Eutanasia

Llevé mi perrita
al veterinario el otro día,
en su rostro se veía
el miedo que por el doctor
ella sentía.

Enferma muy enferma
estaba mi perrita,
con su rostro me decía
que esta sería
su última visita.

Su corazón de gran nobleza
estaba algo acelerado,
mas lentamente en su tristeza,
se fue quedando dormidita
y yo... muerto y sepultado.

Adiós

¡He ahí mi féretro!
¡Helo ahí! Gris. Triste.
Triste y gris como mi ser.
Sin un ayer; sin un amanecer.

Quizá ruede una lágrima;
una lágrima sobre él.
Una lágrima que entibie
el frío anochecer.

O quizá nadie se acuerde,
después de breve tiempo,
quién yace dentro,
dentro de su piel.

¡Mi sarcófago pronto cerrarán!
Una flor piadosa alguien lanzará
anunciando el viaje de uno más:
Un viaje hacia la eternidad.

El cementerio duerme en silencio.
Un nuevo huésped mora en él,
en un féretro gris, triste y frío:
Frío como el anochecer...

Despedida

Un día en un libro leerás
mis últimos poemas;
los que ya no leíste
después de que te fuiste.

Los versos que escribí
después de que sufrí,
después de amarte tanto,
después de mucho llanto.

Quizás halles en ellos
mucha pena, mucho dolor,
por el sinsabor
de nuestro fracasado amor.

Quizás no encuentres dulzura
pero sí, mucha amargura
y quizás mucho rencor,
pues eso me dejó tu amor
luego de tu cruel adiós.

Puerto Rico

Yo soy feliz mirando mis playas
de arenas blancas con perlas
y escuchar a las olas cantando
canciones muy dulces y bellas.

En el atardecer del celaje
me hace feliz su paisaje;
el sol y la luna extasiados
con ojos de enamorados.

Yo soy feliz de noche mirando
un techo de cielo estrellado
y debajo de este manto observar,
de la tierra, el más bello lugar.

Borinquen

Amanecer puertorriqueño
frente a un espejo cegador;
así es el mar de Borinquen
cuando refleja los rayos del sol.

Así es la tierra en que viví;
pequeña pero bonita.
Así es la bella islita;
¡ La tierra del Coquí!

Isla del Encanto

Amo al mar y a su vertiente.
　　　　Amo a toda su gente;
al Yunque y al Coquí
　　　　y a esta tierra en que viví.

Amo al Pitirre y al ají.
　　　　Amo todo lo de aquí.
Y a ti …
　　　　puertorriqueña hermosa,
por ser,
　　　　la más alegre mariposa.

Pitirre

Pitirre, Pitirre.
Pájaro cantor,
hoy oigo diferente
la melodía de tu voz.

Pitirre, Pitirre.
Pájaro cantor.
¿Será acaso
que lamentas
la pérdida
de un gran amor?

Pitirre, Pitirre.
Pájaro cantor,
la tristeza de tu eco
llega al mismo sol.

Pitirre, Pitirre.
Pájaro cantor,
seca ya tu llanto,
háblame de tu dolor.

Pitirre, Pitirre.
Pájaro cantor,
dime por favor:
¿Qué pena invade
a tu corazón?

Pitirre, Pitirre.
Pájaro cantor.
¿Será acaso
que te lamentas
por las injusticias
contra tu nación?

El mejor amigo del hombre

—Perro, compañero fiel,
amigo, hermano
e hijo al mismo tiempo.

Nunca de tu garganta
ha brotado una palabra.
¡Siempre tan excéntrico!
¡Siempre tan enigmático!
Viejos, jóvenes y niños
todos te quieren poseer.
Perro, mi fiel compañero,
amigo, hermano
e hijo al mismo tiempo.

—"Amo", mi pena es inmensa,
soy mudo pero no sordo ni ciego.

Veo un mundo de locos
sin conciencia,
saturado de disturbios
emocionales.

He visto en ti fracasos,
impaciencia en otros casos.

Racionalizando de ellos
te has querido disculpar;
muchas veces hacia mí
te has desplazado,
me has ofendido
y hasta me has golpeado;
y sin tú sospecharlo, en mí,
te has proyectado.

Pero nunca, compañero severo,
torpe y majadero, en mí,
te habrás de identificar.

Entiéndelo de una vez
ya que las cosas son al revés:
no eres mi amo, no soy tu hijo,
ni tu hermano, tampoco soy
tu compañero fiel
y aunque te sepa a hiel
acepta lo siguiente,
acepta que soy tu siquiatra
y tú simplemente eres:
mi esclavo y mi paciente.

Tiquicia

Un trompo de forma regular
o en forma de zanahoria.
Unas canicas y un balín;
con eso fui feliz.

Una lata de sardina
llena de piedritas
remolcadas por un hilito;
ese era mi carrito.

Una garrocha de bambú
para saltar igual que tú.
Nunca tuve un televisor
pero en casa, era yo el actor.

Un palo de escoba
y un mecate;
ese era mi caballo
para correr por el zacate.

Un aro de bicicleta
y un gancho;
me acompañaban
al estanco.

Así pasé mi infancia;
sin lujos ni elegancia,
con pantalones remendados
pero siempre muy planchados.

La vida en mi país
era a todo dar;
caminabas muy feliz
por cualquier lugar.

Nos íbamos al río
sin permiso a bañar
que no se dieran cuenta
pues te castigaban tus papás.

¡Cómo extraño aquel anafre
donde cocinaban los tamales!
¡Como extraño aquel catre
donde soñaba con tus mares!

Luego llegó mi adolescencia,
ahí, ya tuve más paciencia;
mis pobres juguetes olvidé
y por fin me enamoré.

El tiempo ha pasado
y vivo en los "Estados";
ya nunca más volví
al lugar donde nací.

¡Fue un gran pasado!
Mucho ha cambiado
desde que me fui
de ese pequeño gran país.

Por las calles caminar
es un peligro que afrontar:
Robo, secuestro y asesinato,
eso, sucede a cada rato.

Contaminación ambiental;
ingrata mano criminal,
que día a día, a mi patria
le causa mucho mal.

Lamentable situación
es la drogadicción
que junto a la corrupción
destruyen a esa pobre nación.

Batalla
de
Santa Rosa

Pum, pum, pum;
sonaban los tambores enemigos.
Tralará laraaaá;
anunciaban su llegada
las trompetas invasoras.

Con bombos y platillos,
al son de sus balazos;
un ejército bien armado
adueñarse pretendía
de nuestro terruño amado.

¡Qué equivocados estaban
al todos ellos creer
que a Costa Rica, fácil,
ellos podrían vencer!

¿Se olvidaban acaso
de nuestra indígena herencia?
Sí, se olvidaron de nuestra
más pura esencia,
mezcla de valor,
tacto y paciencia.

Nuestra paciencia
a su límite llegó
y el valor de nuestro
humilde corazón
se desbordó.

Y en Rivas, un once de abril
de mil ochocientos cincuenta y seis,
dentro de su Mesón,
nosotros los Ticos
dejando palas y picos,
al filibustero William Walker
le dimos una gran lección.

¡Vivan nuestros valientes soldados!
¡Vivan nuestros máximos exponentes!
Don Juanito Mora, el General Cañas
y Juan Santamaría, quienes evitaron
que nuestra patria cayera vencida.

Liberada

No seas tan latoso,
ya no quiero usar rebozo.
Ya pasamos el Siglo Veinte.
¡Qué va a decir la gente!
Acuérdate Pancho
que son costumbres de tu rancho.

Pórtate bien
o me consigo un sancho.
Solo falta que me pegues.
¡No la riegues!
Cómprame una lavadora
como a tu comadre Dora.

No me hagas lavarle a mano
los calzones a tu hermano.
Déjame dinero sobre la mesa
para ir a un salón de belleza;
quiero arreglarme desde los pies
hasta la cabeza.

No bebas como Lupe;
deja ya el chupe.
No tomes más bironga
o quieres que el cuerno te lo ponga.
Cómprame carro y celular
y ya no seas tan vulgar.

Recuerda este fin de semana
y cuídame los niños con tu hermana.
Aprende a cambiar pañales
y a prepararme los tamales.
No saques los chamacos del trailer
pues yo me voy pa'l baile.

Hoy está el Conjunto Primavera.
¡Ya no aguanto más la espera!
Mírate ya en un espejo;
cada día estás más gordo y viejo.
Búscate un segundo trabajo
pues ya no queda para el gasto.

Búscalo de noche
y déjame tu coche
pues me quiero divertir
o de aburrimiento he de morir.

Ya no soy la misma, Pancho,
como cuando vivíamos en el rancho.
Trátame con cariño y cuidado
o me consigo un par de amantes
cuando estés más descuidado.

Pensión alimenticia

Huye de él si le vieses
pues no puede tener corazón,
quien te abandonó sin razón
después de que tú nacieses.

Es un monstruo de maldad,
de muy mal sentimiento,
provocar el sufrimiento
es su felicidad.

No te ama, no te añora,
nunca pronuncia tu nombre;
no se puede llamar hombre
a quien su fruto ignora.

Desprécialo donde quiera que vayas,
ya que, con intencionada malicia,
nunca por tu pensión alimenticia,
se preocupó ese canalla.

El trovador

¿Qué quién soy?
Préstame tu atención
por un instante:
Soy un trovador errante
en busca del más bello tesoro:
La paz entre las naciones
y el amor de sus ciudadanos
son mis ansiadas ambiciones,
entonadas en mis canciones,
hacia los pueblos
del continente americano.

Enlace

A veces el mundo yo quisiera cambiar
y a mi manera hacerlo pensar:
Tranquilidad, amor y alegría
para esta mi tierra querida
quisiera que fuera el enlace
y que el planeta en esta órbita girase,
y cuando el mundo quisiera enterrarme,
contento yo moriría;
feliz de morir en sus brazos.

Esperanza

Una solución quisiera obtener
de la vida al asombroso misterio;
para entonces en mi proceder,
cambios en algunos criterios,
al mundo poder ofrecer.

Indecisión

Solo y triste
     vago tambaleante
por las nubes
     del recuerdo.
Mis ideas,
     unas contra otras,
van chocando
     sin llegar
a un acuerdo.

Trago amargo

Un Escocés con agua, pide uno.
Un Cuba Libre, pide otro.
Así, uno a uno,
ingiere su bebida preferida,
tratando en vano,
de curar alguna herida.

Unos con deseos ardientes de amar;
otros, con deseos de matar.
Todos y cada uno en silencio
continúan bebiendo
y en su soledad viviendo
una vida sin amistad...

Estrés

Paso a paso lentamente
voy buscando una esperanza.
Paso a paso lentamente
porque así nadie se cansa.
Si la tierra gira lentamente
y el sol también así lo hace;
dime entonces tú, hermano:
¿Qué problema te enloquece,
que corriendo como un loco,
no encuentras tu reposo?

Intranquilidad

No, no es que sufra
de insomnio
ni que halla
bebido café;
es mi conciencia
algo maltrecha
la que increpa
mi mal proceder...

Infelicidad

Felicidad completa no existe
afirma aquel que no sabe,
aquel que se siente triste,
aquel que no tiene quien le ame.

Aquel que de seda y oro viste,
tal vez de mucho se ufane,
mas cuando solo se siente;
ansía que alguien le ame…

Sentimiento

Sentimiento:
Enemigo del explotador,
del ambicioso manipulador,
del corrupto estafador.
Te traiciona el sentimiento
en cualquier momento;
por lo que no prevalece
en aquel extremista
que a su vida deja desprovista
del sentimiento que merece
una vida tranquila y pacifista.
¡Desaparición y muerte!
¡Ah, pobre del que a la vida arremete!
No es más que un vil juguete.

Despertad

Si yo me pusiera un día
del mundo a escribir mi protesta,
funesta sería mi suerte
para el resto de mi vida.

La antítesis yo escribiría
de lo que al caso concierne,
tal vez así lograría
despertar a quien duerme.

El Salvador
1980

Si lo que he visto se llama vivir;
en ese caso prefiero morir.
Hermanos contra hermanos,
bajo el mismo firmamento,
con el mismo pensamiento:
El deseo de triunfar.

Criaturas inocentes;
miradas de piedad.
Hambre en sus vientres;
rodeados de soledad.
Llantos de angustia en coro
llamando a su papá.
A lo lejos, una voz les grita,
que hoy tampoco, él vendrá…

Unión y fuerza

El león está herido.
No le tengas compasión.
Grave es su rugido.
Grave está su corazón.

Los conejos se han unido
en una guerra sin cuartel;
poco a poco han sabido,
debilitar su gran poder.

Humanidad

Reptiles murmurantes.
Fuego en sus mentes.
Sangre en sus miradas.
Excremento en sus mentes.

Corazones de cemento.
Veneno en sus arterias.
Envidia calcinante
les corroe hasta los huesos.

Plaquetas de metal.
Glóbulos negros
portadores de su mal.
¡Egoísmo singular!

Vibraciones negativas
acorazadas en sus pieles.
Digestiones putrefactas
de palabras incoherentes.
Pulmones infectados
de aire carcinógeno.
Uñas como garfios
son sus sentimientos.

Sonrisas de quimera
vanan en su esfuerzo
por esconder su enfermedad,
sin poderlo evitar.
¡Energía decadente!
Tal es la humanidad…

13 de mayo de 1981

Me imponen una sentencia,
muy injusta la pena será;
larga y aburrida penitencia
por alguien que no morirá.

Algunos me llaman loco;
otros mi vida quieren quitar
pero si se me analiza un poco,
verán en mí la verdad.

Con creencias religiosas
a los pueblos tratan de engañar,
hombres de mentes morbosas
quienes buscan su bienestar.

Reuniones cumbres sobre política
son los temas de actualidad,
en aquel palacio con oro,
donde reside "Su Santidad".

Estudio crítico literario

Ensueño

Cuarto volumen
de poesías

La poesía lírica de Frank Alvarado Madrigal nos revela en todos y cada uno de sus versos lo que en realidad simboliza la palabra arte. El poeta, utilizando una variedad de temas y un lenguaje sencillo y armonioso, te conduce de la mano a través de bellas figuras retóricas por senderos que, con anterioridad, ya había trazado para ti.

Tema:

Como en todo poeta romántico, sobresalen en sus poesías, temas a la naturaleza, al amor, al desamor, motivos pesimistas, nostálgicos, épicos, y de crítica social.

Temas a la naturaleza:

Isla del Encanto

Amo al **mar** y su **vertiente**.
        Amo a toda mi **gente**;
al **Yunque** y al **Coquí**
        y a esta **tierra** en que viví.

Amo al **Pitirre** y al **ají**.
        Amo todo lo de aquí.
Y a ti…
        puertorriqueña hermosa,
por ser,
        la más alegre **mariposa**.

Borinquen

Amanecer puertorriqueño
frente a un espejo cegador;
así es el **mar de Borinquen**
cuando refleja los rayos del **sol**.

Así es la **tierra** en que viví;
pequeña pero bonita.
Así es la bella **islita**;
¡**La tierra del Coquí**!

Cataclismo

Cuando el **mar** sus **olas** no meza
y en su **horizonte** solo haya tristeza.
Cuando las **flores** no den sus colores
y el perfume de sus **pétalos** desaparezca.
Cuando la **luna** en triste agonía
a la **tierra** no le sonría.
Cuando los **astros** su rumbo detengan
sin que hayan fuerzas que los sostengan.
Y cuando el **sol** con su radiante belleza
no ilumine más a mi linda princesa;
no cambiará mi **universo**,
pues tú eres el más bello verso
que dará color y alegría
para siempre a toda mi vida.

Cenizas

Su calor de **verano**
una vez me arropó;
las **nieves** de mi **invierno**
un **día** derritió.

Yo he estado allí...

Yo he estado allí...
donde los colores de las **flores**
retoñan en nuevos amores,
donde la **brisa** sin prisa
brinda una dulce sonrisa,
donde el **río** riega y baña
a la **tierra** su entraña
Yo he estado allí...

Mientras tú
no estabas

Mientras tú no estabas,
las mariposas en su volar
sus colores al jugar
ya no quisieron desplegar.

El alegre trinar
de los **coloridos pajaritos**
que nos venían a visitar
no se escuchó más.

El sol se ocultó
y en **la tierra**
un nuevo amor
no germinó.

El río su **agua** estancó
y en sus márgenes
una bella **flor**
ya no floreció.

Mientras tú no estabas,
a los marineros en **el mar**,
las lindas sirenas,
ya no quisieron más cantar.

Las olas a **las arenas**
su beso de pena dejaron
y en las profundidades
sus lamentos se escucharon.

El **arco iris** su belleza
de gris tiñó en sus colores
dejando mucha tristeza
en nuestros corazones.

El **universo** que un día existió,
ahora carente de movimiento,
a nuestro **planeta** dejó
sin su azul **firmamento**.

· Y en un **mundo** sin metas
se convirtió este **universo**;
no se escribió un solo verso
al desaparecer los poetas.

Sistema Planetario Solar

Por **el espacio** viajaré mirando modas;
con **las estrellas** adornaré
tu velo y tu corona
y con **las nubes** yo te haré
el más bello traje de bodas.

Simplemente tú y yo

Poesía es
apacible **bosque**
donde **pajaritos** de bello color
entonan un sagrado
himno al amor.

Temas de amor:

Diluvio

Mi cuerpo se derrite,
me abrasa las entrañas,
no esperaré a un mañana
para abrazarte, besarte
y que las ansias tú me quites.

Seducción

Explorabas entre mi arco.
Te apoderabas de mi mente.
¡Boca candente!
Labios ardientes
en el jardín de la felicidad.

Bello despertar

¡Qué lindo es vivir
     este amor que tú me das
y haber hecho por fin
     mi sueño realidad!

Llegaste a tiempo

Ya no habrá más tristeza;
ya no habrá más soledad,
solamente la certeza
de amarnos a la brevedad.

Entrega total

¡Estréchame! ¡Apriétame!
Hazme tuya esta noche.
Haz de tus deseos un derroche
sobre mi ardiente cuerpo
ansioso de aventura y de placer.
Hazme tuya. Toda tuya.
Toda la noche hasta el amanecer.

Amor
desenfrenado

Abracémonos primero,
besémonos después;
hagamos el amor
al mismo tiempo.

No paremos ni un momento.
No nos levantemos a comer.
Del hambre no nos vamos a morir;
eso ya lo descubrí, pues...

Tu cuerpo es el postre preferido
de un amor que llevo escondido
encerrado dentro de mi pecho.
¡Vamos ya a nuestro lecho!

Ensueño

Hoy sueña el poeta.
Sueña y despierta;
despierta y... ¡Te besa!

Imaginándote

Hoy, cierro mis ojos
y miro por doquier,
tu dulce y sonrosada boca
acariciando entreabierta
mis labios embriagados de placer.

Labios seductores

De la naranja me gusta su jugo
y la miel que tienen las cerezas
pero lo que más me agrada
es el sabor de tus dulces labios
cuando a mis labios besas.

Deseos

¡Quién fuera luz!
¡Quién fuera sol!
para cubrir tu cuerpo
con todo mi amor.

¡Quién fuera el mar!
¡Quién su vertiente!
y a voces gritar
nuestro amor a la gente.

¡Quién fuera el río!
¡Quién su corriente!
para tu amor y el mío
unir para siempre.

Amor a primera vista

¡Hoy te he visto, te he visto
y me has gustado!
¡Hoy te he visto, te he visto
y de ti me he enamorado!

Te daré mi vida y mi amor,
te daré también mi corazón.
¡Oh, encanto cegador!
Fuente de esta inspiración.

Idilio

¿Qué sorpresas nos aguardan?
Eso lo sabremos al besar;
yo, tus dulces labios rojos
exhalando amor al suspirar.

¿Qué sorpresas nos aguardan?
Eso lo sabremos al besar;
tú, mis labios muy ansiosos
por quererte devorar.

Viajero

Al hallarte y mirarnos
el sol se eclipsó;
en punto estratégico
él se escondió;
así nuestro amor
se fundió.

Temas de desamor:

Muy tarde

Muy tarde descubrí
que eres mala, egoísta,
prepotente, orgullosa,
mentirosa y caprichosa...

Reencuentro

Tanto te quise decir...
Pero mudo me quedé;
será por lo mucho que te amé
o por lo mucho que te odié.

El embustero

Al principio sabe a miel
pero luego sabe a hiel.
Así es su amor en una relación;
al final te rompe el corazón.

Falso amor

Si tu amor era sincero,
¿Por qué me dijiste:
"Ya no te quiero"?
Si tus promesas
no eran embustes,
¿Por qué me dijiste:
"Ya no me busques"?

Ironía

Perdóname si solo recibo hoy
y nada a cambio yo te doy.
Ya no tengo más amor
para entregar;
no puedo amarte,
como cuando amaba de verdad...

Triste ironía

Mas hoy el destino
te trajo hasta mi puerta;
tarde, muy tarde, ha sucedido...
prosigue tu camino
pues para mí
ya tú estás muerta
y déjame, déjame solo,
en mi tristeza.

Cenizas

Mas la flama de mi amor
hoy se apagó
y el viento las cenizas
presuroso se llevó.

Obsesión

Lenta como la miel al caer;
así tardó mi tristeza en desaparecer.
Rápido como el vuelo de un halcón
se fugó el amor de vuestro corazón.

Auxilio

En mi mundo existía luz
cuando me mirabas tú;
hoy que ya te has ido
mi vida ha sucumbido,
ya no soy el mismo
y en un oscuro abismo
me encuentro sumergido.

Cansada

Ya me cansé de esperar
por quien dice que me ama.
Ya me cansé de estar
sola en la cama.

Noche a noche
la misma historia:
Tú con la otra
y yo aquí sola.

Calendario

Septiembre, octubre y noviembre
fueron de mucha tristeza
y ya para diciembre,
se mudó de nuestra pieza.

Temas pesimistas:

Agonía

Te deseo buena suerte,
amor de mi vida,
**aunque tu partida
signifique para mí
la muerte.**

Depresión

Deseo ya morir.
No quiero más sufrir.
No quiero más pensar
en toda tu maldad.

Sin ti

Ya no podré vivir mi fantasía.
    Ya no podré vivir mi felicidad.
Nada ya podré en esta vida,
    nada, nada—si ya no estás.
Mas una cosa si podré:
    Morir en mi soledad ...

Cupido

Sigue mi consejo amiga o amigo
pues Cupido es tu enemigo;
**no entregues todo tu amor
o sabrás lo que es dolor.**

Silencio

Tanto le quise decir;
que una palabra
no pronuncié.
**Tanto yo la lloré,
que creo,
que nunca más amaré.**

Naufragio

**En otro barquito de papel
mi desilusión embarcaré;
esperando que naufrague
o pronto moriré.**

Frío amanecer

**Estoy desesperado,
siento enloquecer.**
¿Qué yo voy hacer?
Me has abandonado.

Te quiero

Gritar que te quiero, sí,
a los mil vientos gritaré
que te quiero, que te amo,
que sin ti; vivir es vano.

Sin palabras

Que tú eras todo en mi vida.
Que sin ti ya no sería
feliz un solo día.
Que sin ti; yo moriría.

Inolvidable

Separarnos hemos de,
besarnos un sueño será,
intento inútil rehacer
un ayer que ya hoy
no puede ser.

Suicidio

Un disparo se escuchó
en medio de la habitación.
¡Oscuro todo ya quedó!
No hubo más dolor
en su destrozado corazón.

Miedo

Tengo miedo a esta sensación
que confunde a este amor.
Tengo miedo a esta obsesión,
a esta nueva y extraña ilusión
que aprisiona a mi corazón.

Temas nostálgicos:

Espejo

¡Oh, espejo, mi viejo
y confidente espejo!
¿Te acuerdas
de aquellas primaveras
cuando mi figura
reflejabas alegremente
y mi mirada brillante,
como estrella de oriente,
al mundo mostrabas
orgullosamente?

Amor desesperado

Mas tú mis poemas al viento lanzas,
llenos de versos con alabanzas.
Es un castigo, el que tú ignores,
mi poemario, lleno de amores.

Obsesión

Lenta como la miel al caer;
así tardó mi tristeza en desaparecer.
Rápido como el vuelo de un halcón
se fugó el amor de vuestro corazón.

Frío amanecer

Hoy mis brazos extendí
buscándote otra vez.
¡Qué frío amanecer!
Estaba ya sin ti.

Recordando

Dicen que recordar es vivir
pero cuando de ti me acuerdo,
yo me siento hasta morir.

Ha pasado el tiempo
y no te puedo olvidar;
es triste mi lamento
cuando me pongo a recordar.

Huellas eternas

Hoy he vuelto a caminar
la misma playa que me diera,
en esa tibia primavera,
una gran felicidad
y luego me sumiera
en un mar de soledad.

Abstinencia

Ya no como, ya no duermo;
solo pienso en tu amor.
Tú te has ido de mi vida;
sumido estoy en mi dolor.

Mi vida

¡Qué es mi vida!,
si no ese manto gris
que se tiende
sobre la lejana nave
próxima a zozobrar.

Secretos

Dejad que sea
mi poesía
la que os platique
acerca de mi vida.

Dejad que sea ella
la que os diga
la noche en que me vio
sollozando bajo las estrellas.

Dejad que en secreto,
os cuente, que **la luna**
lloró junto a mí
el día en que te perdí.

Dejad que mis versos
os manifiesten sobre estas hojas
el día que en el cielo
muriéronse todas las rosas.

¡En fin!
Dejad que sean mis versos
los que te hagan sentir
lo mucho que por ti sufrí.

El tiempo pasó

Y la niña lloraba, lloraba su desilusión
pensando que no volvería el hombre,
a quien entregó una noche,
su virginal amor.

Temas de Crítica Social:

El Salvador
1980

Si lo que he visto se llama vivir;
en ese caso prefiero morir.
Hermanos contra hermanos,
bajo el mismo firmamento,
con el mismo pensamiento:
El deseo de triunfar.

Criaturas inocentes;
miradas de piedad.
Hambre en sus vientres;
rodeados de soledad.

13 de mayo
1981

Reuniones cumbres sobre política
son los temas de actualidad,
en aquel palacio con oro,
donde reside "Su Santidad".

Pensión alimenticia

desprécialo donde quiera que vayas,
ya que, con intencionada malicia,
nunca por tu pensión alimenticia,
se preocupó ese canalla.

El trovador

¿Qué quien soy?
Préstame tu atención
por un instante:
Soy un trovador errante
en busca del más bello tesoro:
La paz entre las naciones
y el amor de sus ciudadanos
son mis ansiadas ambiciones,
entonadas en mis canciones,
hacia los pueblos
del continente americano.

Esperanza

Una solución quisiera obtener
de la vida al asombroso misterio;
para entonces en mi proceder,
cambios en algunos criterios
al mundo poder ofrecer.

Despertad

Si yo me pusiera un día
del mundo a escribir mi protesta,
funesta sería mi suerte
para el resto de mi vida.

La antítesis yo escribiría
de lo que al caso concierne,
tal vez así lograría
despertar a quien duerme.

Monstruosidad

Hoy tendría seis añitos
y muchos regalitos;
una bicicleta azulita
y también mucha ropita.

Hoy tendría siete añitos
y estaría algo asustadito
pues me diría: "Mamá, mira,
se me ha caído un dientecito".

Si yo hubiera sabido
que esto me iba a pasar,
**jamás a mi bebé querido
hubiese ido a abortar.**

Enlace

**A veces el mundo yo quisiera cambiar
y a mi manera hacerlo pensar:
tranquilidad, amor y alegría
para esta mi tierra querida
quisiera que fuera el enlace
y que el planeta en esta órbita girase,
y cuando el mundo quisiera enterrarme,
contento yo moriría;
feliz de morir en sus brazos.**

Humanidad

**¡Energía decadente!
Tal es la humanidad...**

Tiquicia

El tiempo ha pasado
y vivo en los "Estados";
ya nunca más volví
al lugar donde nací.

¡Fue un gran pasado!
Mucho ha cambiado
desde que me fui
de ese gran país.

**Por las calles caminar
es un peligro que afrontar:
Robo, secuestro y asesinato,
eso, sucede a cada rato.**

**Contaminación ambiental;
ingrata mano criminal,
que día a día, a mi patria
le causa mucho mal.**

**Lamentable situación
es la drogadicción
que junto a la corrupción
destruyen a esa pobre nación.**

Pitirre

Pitirre, Pitirre.
Pájaro cantor.
¿Será acaso
que te lamentas
por las injusticias
contra tu nación?

Trago amargo

Un Escocés con agua, pide uno.
Un Cuba Libre, pide otro.
Así, uno a uno,
ingiere su bebida preferida,
tratando en vano,
de curar alguna herida.

Unos con deseos ardientes de amar;
otros, con deseos de matar.
Todos y cada uno en silencio
continúan bebiendo
y en su soledad viviendo
una vida sin amistad...

Temas épicos:

Batalla de Santa Rosa

¡Vivan nuestros valientes soldados!
¡Vivan nuestros máximos exponentes!
Don Juanito Mora, El General Cañas
y Juan Santamaría, quienes evitaron
que nuestra patria cayera vencida.

Lenguaje:

Su lenguaje es sencillo y claro obteniendo, en esta forma, rimas bastante comprensibles encadenadas melódicamente a través de todos sus versos. Un profundo subjetivismo y el uso del **yo** caracterizan sus poesías.

Aventura fugaz

Sollozó ella; suspiré **yo**.
No hallé ninguna explicación.
¡Silencio hubo en la habitación!
Quedóse ella; me fui **yo**.

Añoranza

Todas esas cosa y más
quisiera **yo** ser
y en cada instante de mi vida
podértelas **yo** ofrecer.

Mía

Si tú fueras mía,
yo te amaría
de noche y de día
toda mi vida.

Si tú fueras mía,
ahora mismo sabrías
las miles de formas
en que **yo** te haría mía.

Sufrimiento

Mas solo **yo** sabía
que aún **yo** la quería.
Mas solo **yo** sabía
que mi corazón
aún sufría.

Amar sin ser amado

Me quedo callado
pues este es mi destino;
yo escogí el camino
de amar sin ser amado.

Desvelo

Cuando en mis noches de desvelo,
mi alma y mi cuerpo padecen de lleno;
oigo a lo lejos una dulce voz diciendo:
                "Te quiero".
Sé que eres tú; por quien **yo** vivo y muero.

Perdón

Ante esa tu gran dignidad,
únese la piedad de tu corazón
y hoy con gran humildad
de ti **yo** imploro tu perdón.

Soy un poema

Soy madrugada,
soy un hechizo
y en noches heladas
no pido permiso.

Ilusión

Quizá, quizá me ilusioné tanto contigo
que ya no puedo ser tu amigo
porque sin **yo** quererlo
mi vida es ya un martirio.

En su obra aparecen también términos usados dentro del campo de la sicología.

El mejor amigo del hombre

Racionalizando de ellos
te has querido disculpar;
muchas veces hacia mí
te has **desplazado**,
me has ofendido
y hasta me has golpeado;
y sin tú sospecharlo, en mí,
te has **proyectado**.
Pero nunca, compañero **severo**,
torpe y majadero, en mí,
te habrás de **identificar**.

Imaginería:

Nuestro escritor hace uso de toda su destreza poética por medio del empleo de imágenes; de de esta forma, el lector tiene la oportunidad de recrear los sentidos sensoriales.

Puerto Rico

Yo soy feliz **mirando** mis **playas**
de **arenas blancas** con **perlas**
y **escuchar** a las olas cantando
canciones muy **dulces** y **bellas.**

Añoranza

Quisiera ser el **día**
o quizás su **luz**
para **alumbrar** el **sendero**
por donde **caminas** tú.

Punto final

Sin ti podré **saborear**
las **mieles** del mundo.
Sin ti podré **navegar**
el **mar** tan **profundo.**
Sin ti **veré** que en la vida
aún existe **alegría**
y que del **azul** del **cielo**
emana **brillante energía.**

Colmena

Perfume de azucena
emana de tu piel;
tu cuerpo es una colmena
llena de exquisita miel.

Como dos luceros
son tus ojos,
como oscura noche
tu larga cabellera.

Como dos rosas
son tus labios rojos,
que me tienen loco
por la espera.

Temeridad

Renuncio al resplandor
de su ardiente mirada,
de sus brazos al calor,
de sus besos al sabor,
en una noche estrellada.

Seducción

Me cubriste con pétalos de flores:
indiscretas mariposas,
isósceles flagelados,
estrellas brillantes,
resplandecientes diamantes;
dos irreverentes amantes…

Simplemente tú y yo

Poesía es
idioma universal,
un amor sin final,
río de agua cristalina,
cuya corriente va cantando
una feliz y dolorosa canción,
proveniente del fondo
de su corazón.

Poesía es
apacible bosque
donde pajaritos de bello color
entonan un sagrado
himno al amor.

Conmigo

Si te hubieras quedado
viviendo conmigo,
en **una nube blanca**
un bello palacio
te hubiera construido.

Labios seductores

De la **naranja** me **gusta** su **jugo**
y la **miel** que tienen las **cerezas**
pero lo que más me **agrada**
es el **sabor** de tus **dulces** labios
cuando a mis labios besas.

Simbolismo:

Es una de sus mejores armas, usa el calibre perfecto, acierta siempre en el blanco. Simboliza el amor con elementos naturales mencionados en la gran mayoría de sus poesías.

Encuentro

Como **rayo** que cae dos veces en el mismo lugar
provocando destrucción, así son las huellas
dejadas por ti, en el fondo
de mi corazón.

Como un **tornado** que arrastra todo a su paso,
así tu amor ha pasado,
llevando mi vida
al fracaso.

Libertad

Un día la **paloma**
de su nido se alejó;
buscando nuevos rumbos
contenta ella voló.

Imaginándote

Hoy, cierro mis ojos
y miro por doquier,
rayos esmeralda
adornando una **bella flor**
convertida en mujer.

Frío amanecer

Hoy mis brazos extendí
buscándote otra vez.
¡Qué frío amanecer!
Estaba ya sin ti.

Cupido

Sigue mi consejo amiga o amigo
pues **Cupido** es tu enemigo;
no entregues todo tu amor
o sabrás lo que es dolor.

Naufragio

Como **barco de papel**
mi amor un día navegó;
a pique se me fue
causando un gran dolor.

Seducción

Explorabas entre mi arco.
Te apoderabas de mi mente.
¡Boca candente!
Labios ardientes
en **el jardín de la felicidad.**

Sangre

Hay **sangre** que no se ve
corriendo bajo nuestra piel;
escondiendo el pasado,
de un triste ayer.

Hay **sangre** que no se ve
con recuerdos por doquier;
con heridas de un pasado,
que mancha nuestro ser.

Circula a toda hora
sin prisa ni demora;
desplegando los matices
de profundas cicatrices.

Habita en el corazón
y también en la mirada;
siempre está presente
aunque estés ausente.

Hay **sangre** que no se ve
ni los doctores la detectan,
roja y amarga como el vino,
compañera en tu destino.

Circula por la mente
guardando una esperanza;
vaga entre la gente,
en el tiempo y la distancia.

Drama un día fue
de una gran pasión;
una bella ilusión
de un atardecer.

Metáfora:

No cabe duda de las cualidades del autor para tejernos con un fino velo lingüístico las ideas que surcan la mente y nos tocan el corazón.

Amor desenfrenado

Tu cuerpo es el postre preferido
de un amor que llevo escondido
encerrado dentro de mi pecho.
¡Vamos ya a nuestro lecho!

No nos preocupemos más por nada
que **la noche es más corta**
que el parpadear de una mirada
para un alma enamorada.

Mi vida

¡Qué es mi vida!,
si no ese manto gris
que se tiende
sobre la lejana nave
próxima a zozobrar.

Simplemente tú y yo

Poesía es
ardiente explosión,
es volcán en erupción,
amordazado grito
en una agridulce canción.

El embustero

Sus promesas *se las lleva el viento;*
son puñales *que se clavan muy adentro.*
Es una persona muy infiel;
no confíen más en él.

Rumores

pues **tú eres la joya más querida**
que en mi pecho llevaré
siempre prendida.

Colmena

Perfume de azucena
emana de tu piel;
tu cuerpo es una colmena
llena de exquisita miel.

Auxilio

Sombras tenebrosas
son mis pensamientos,
que como fantasmas
rondan mis adentros,
provocando sin demoras
con el paso de las horas,
un fuerte agitamiento.

Símil:

Las comparaciones literarias, sobre todo en el género romántico, son muy usadas y nuestro autor las emplea por doquier.

Encuentro

Como un tornado *que arrastra todo a su paso,*
así tu amor ha pasado,
llevando mi vida
al fracaso.

Huellas eternas

El sol de primavera
como tibia sábana cubría
tu vida y mi vida entera
mientras sollozando prometías
ser para siempre mía.

Colmena

Como dos luceros
son tus ojos,
como oscura noche
tu larga cabellera.

Idilio

Mi corazón *palpita más de prisa,*
salta como niño juguetón;
por primera vez oigo su risa
desde que voló de tu rincón.

Espejismo

Tus palabras desvanecen
cual espejismo en el desierto,
cual fugaz estrella en la lejanía;
así mi vida desfallece
y mi conciencia ya nos es mía
y en vez de seguir viviendo,
voy muriendo cada día.

Obsesión

Lenta como la miel al caer;
así tardó **mi tristeza** en desaparecer.
Rápido como el vuelo de un halcón
se fugó **el amor** de vuestro corazón.

Auxilio

Sombras tenebrosas
son **mis pensamientos,**
que **como fantasmas**
rondan mis adentros,
provocando sin demoras
con el paso de las horas,
un fuerte agitamiento.

Personificación:

Estas figuras retóricas se encuentran insistentemente en la mayoría de sus poesías dándoles gran belleza y usadas por nuestro poeta de una manera muy magistral.

Ensueño

**Una blanca paloma
volará** por el cielo
diciendo: "Te quiero".

Amor a primera vista

Hoy **mis versos se visten** de gala,
las estrellas danzan en lo alto,
**la luna sonríe enamorada,
una nube ha secado ya su llanto.**

El tiempo pasó

Esperando y soñando la vida se le fue,
**mientras la luna, que todo lo ve,
lloraba al mirar** aquella niña
convertida en mujer.

Secretos

Dejad **que sea
mi poesía
la que os platique**
acerca de mi vida.

Serenata

Cantaré las más dulces canciones
que jamás poeta haya compuesto.
A través de las constelaciones
mis melodías presto viajarán
para decirte que contigo quiero estar.

Nuestros palpitantes corazones
como niños impacientes jugarán
entre la blanca espuma del mar;
rítmicas olas atestiguarán
el amor que hoy te vine a entregar.

Yo he estado allí...

Yo he estado allí...
donde **la luna de plata**
entona en la noche su serenata,
donde **felices estrellas**
danzan canciones muy bellas,
donde en el silencio de la noche
no se escucha ni un solo reproche.
Yo he estado allí...

Obsesión

Mi corazón no despierta de su sueño
al creer aún que es tu dueño;
ciego está a la realidad
de que el tuyo está lleno de maldad.

Mientras tú no estabas

Las olas a las arenas
su beso de pena dejaron
y en las profundidades
sus lamentos se escucharon.

Alcoba de cristal

Yo soñaría en ese instante
que **un coro de ángeles**
cantan a tu alrededor

aunque al despertar
mirase a **las estrellas**
envidiando nuestro amor.

Alborada

Los resplandores del sol
iluminando están la habitación
y **entonando se hallan** en tu cuna
una muy linda canción.

Cupido

Se despide de muchas formas;
sin reglas o sin normas,
en silencio o con reproches,
por el día o por las noches.

Hipérbaton:

Las siguientes estrofas ilustran el uso del hipérbaton o cambio en el orden sintáctico.

Puerto Rico

En el atardecer del celaje
me hace feliz su paisaje;
el sol y la luna extasiados
con ojos de enamorados.

Yo soy feliz de noche mirando
un techo de cielo estrellado
y debajo de este manto observar,
de la tierra, el más bello lugar.

Amor especial

Consagrado he mi amor a ti
por toda la eternidad;
sueños lejanos que no volverán,
recuerdos que en mi vida
ya nunca borrarse podrán.

Esperanza

Una solución quisiera obtener
de la vida al asombroso misterio;
para entonces en mi proceder,
cambios en algunos criterios,
al mundo poder ofrecer.

Añoranza

Quisiera ser del río
la más fresca corriente
y anunciar nuestro idilio
a toda la gente.

Quisiera ser del rocío
la fresca mañana
y refrescar tu amor y el mío
a través del fondo de mi alma.

Quisiera ser de las flores
la más fresca fragancia
y saciar con mis labios
todas tus ansias.

Quisiera ser del océano
la más fragante espuma
para bañar tus entrañas
bajo la luz de la luna.

Mientras tú no estabas

Mientras tú no estabas,
a los marineros en el mar,
las lindas sirenas,
ya no quisieron más cantar.

Inolvidable

Separarnos hemos de,
besarnos un sueño será,
intento inútil rehacer
un ayer que ya hoy
no puede ser.

Déjenme llorar

No me den pañuelos;
si fui su ceñuelo,
mis lágrimas hoy
a enjugar no voy.

Despertad

Si yo me pusiera un día
del mundo a escribir mi protesta,
funesta sería mi suerte
para el resto de mi vida.

Soy un poema

Soy de las estaciones
primavera en el tiempo
y en frescos otoños
comparto tu aliento.

Hipérbole:

Las exageraciones literarias se hallan abundantemente en sus poesías. Si fuéramos a enumerarlas, habría que ilustrar nuestro estudio crítico literario con casi todas las poesías de este libro. A continuación mostraremos únicamente algunas estrofas de poesías conteniendo ejemplos de hipérboles, con la intención premeditada de permitir a profesores y estudiantes, el comentario literario de otros ejemplos, dentro de este cuarto volumen de poesías románticas.

Inspiración

Si fuera escultor,
en madera fina esculpiría
tus ahogados gemidos
de cuando yo te hago mía.

Arrúllame

Hazme perder ya la calma;
róbala con tus deseos.
Penétrame toda el alma
y ámame sin rodeos.

Pitirre

Pitirre, Pitirre.
Pájaro cantor,
la tristeza de tu eco
llega al mismo sol.

Castillo de arena

La luna fue testigo
del más lindo amor
vivido **en un castillo,**
construido ladrillo
sobre ladrillo,
dentro de mi corazón.

Temporal

Lluvia de amor,
tormenta de ilusiones,
huracán de sueños,
tornado de pasiones.

Alborada

Los resplandores del sol
iluminando están la habitación
y **entonando se hallan** en tu cuna
una muy linda canción.

Conmigo

Si te hubieras quedado
viviendo conmigo,
en una nube blanca
un bello palacio
te hubiera construido.

Amor a primera vista

Hoy mis versos se visten de gala,
las estrellas danzan en lo alto,
la luna sonríe enamorada,
una nube ha secado ya su llanto.

Simplemente tú y yo

Poesía es
ardiente explosión,
es volcán en erupción,
amordazado grito
en una agridulce canción.

Poesía es
idioma universal,
un amor sin final,
río de agua cristalina,
cuya corriente va cantando
una feliz y dolorosa canción,
proveniente del fondo
de su corazón.

Naufragio

En otro barquito de papel
mi desilusión embarcaré;
esperando que naufrague
o pronto moriré.

Bello despertar

¡Qué lindo es ver
  tus ojos sonreír!
¡Qué lindo es tener
  por quien vivir!

Frío amanecer

Lanzaré mi amor al río,
me siento muy herido;
mas aún no me arrepiento
de haberte conocido.

Cupido

Trae cara de inocente
al principio de la relación,
pero dentro de su mente
se esconde un vil ladrón.

Confunde tus pensamientos,
juega con tus sentimientos,
se apodera de tu tiempo
y te sube al firmamento.

Se despide de muchas formas;
sin reglas o sin normas,
en silencio o con reproches,
por el día o por las noches.

El ánfora mágica

Sobre alfombra volará
desde una tierra muy lejana;
mil palacios le abrirás
esa dorada mañana.

Luz fugaz

Mas fugaz como tu resplandor,
así mi dicha tardó en desaparecer,
quedando yo peor que antes;
con la resta de un feliz ayer
y la suma de un triste amanecer.

Sufrimiento

No quise darle gusto
a la vida
de que me resucitase
y enterrase
por segunda vez.

Enamorada

La pequeña niña llora,
   llora y canta a la vez;
no sabe mi pequeña rosa
   que su corazón,
por fin, ha vuelto a renacer.
   Aún tú no lo sabes...
y yo, hace tiempo que lo sé.

Aliteración:

Las aliteraciones se hallan en cantidades industriales dentro de sus poesías, dándole un ritmo especial a la musicalidad de sus versos.

Copas

Una **c**opa **d**e vino
sumada a una **d**e **m**i amor
y a otra **d**e **d**olor;
solo **t**ú, primor,
saciar **t**u sed podrás,
con la sangre
de **m**i **c**orazón.

Una estrella en mis pies

Mas eso es nimia historia
guardada en **m**i **m**emoria
y en este radiante anochecer,
dentro de **m**i ser, no eres **m**ás
que una estrella en **m**is pies.

Síntomas del amor

Tu figura **s**e transforma
en **s**imple **s**ombra
sin ninguna brillantez.

Soledad

¡Qué amargo vino
es mi destino!
Migajas de amor
me dio la vida,
sobre mi mesa
fueron servidas,
mas ni eso hoy
es mi comida.

Yo he estado allí...

donde el río riega y baña...

donde los sueños son un ensueño...

Una vez más

en mi dulce canción
canté a tu corazón...

Cenizas

Su calor de verano
una vez me arropó;
las nieves de mi invierno
un día derritió.

Pensión alimenticia

*Es un **m**onstruo de **m**aldad,*
*de **m**uy **m**al sentimiento...*

Simplemente tú y yo

Poesía es
idioma universal,
un amor sin final,
*río de agua **c**ristalina,*
***c**uya **c**orriente va **c**antando*
*una feliz y dolorosa **c**anción,*
proveniente del fondo
*de su **c**orazón.*

Niña temprana

*Soy alma de **m**uerto;*
***m**uero ahora **m**ismo.*
*En ti **m**i vida se posa,*
*febril **m**ariposa.*

Ironía

Entre **más** la quieres;
más te desprecia.
Entre **más** la desprecias;
más ella te quiere.

Es **la** ley de **la** naturaleza
aunque a unos
les cause tristeza.
Es **la** ley de **la** vida
y a otros **les** brinda alegría.

Recordando

Pasarán **los** días,
pasarán **los** años,
pero en el corazón, **la** herida,
permanece haciendo daño.

Nunca entenderé **tu** decisión,
nunca entenderé **tu** gran **t**raición,
si **te** entregué **t**odo mi amor
sin **n**inguna condición.

Viajero

Al hallarte y mirarnos
el **s**ol **s**e eclipsó;
en punto estratégico
él **s**e escondió;
así nuestro amor
se fundió.

Imaginándote

Es tu **m**irada núcleo y eje a la vez,
creadora de **m**ágicos destellos
que hoy forman parte de **m**i ayer;
de esos **m**omentos bellos
que hoy **m**e hacen desfallecer.

Idilio

Mi corazón **p**alpita más de **p**risa,
salta como niño juguetón;
por **p**rimera vez oigo su risa
desde que voló de tu rincón.

Depresión

Deseo ya **m**orir.
No quiero **m**ás sufrir.
No quiero **m**ás pensar
en toda tu **m**aldad.

Las fuerzas se **m**e han ido
de lo **m**ucho que he sufrido.
Nunca supiste comprender
mi **m**anera de querer.

Mi amor todo te lo di,
el día en que te conocí.
De nada eso sirvió
pues te burlaste de **m**i amor.

Mi camino he de seguir
con rumbo al **m**ás allá,
quizá luego de **m**orir,
alcance **m**i felicidad.

Amor desesperado

Cuanto **m**ás te **m**iro; **m**ás te deseo.
Cuanto **m**ás **m**e deprimo, **m**ás te veo.
¡Qué sufrimiento tan enfermizo!
¡Ay! No te **m**iento; eres **m**i hechizo.

Mas tú **m**is poemas al viento lanzas,
llenos de versos con alabanzas.
Es un castigo, el que tú ignores,
mi poemario, lleno de amores.

Oxímoron:

Esta variedad de figura retórica la utiliza el poeta con increíble destreza.

Soy un poema

Soy **ruidosa quietud**
de un cielo azul;
silenciosa inquietud
de un mágico tul.

Locura

Tu **inmediata lejanía**
me recuerda
tu **lejana cercanía**.

Simplemente tú y yo

Poesía es
mezcla de **angustiosa alegría**,
de **humilde orgullo**,
de **sencilla vanidad**,
agonizante murmullo
en un mundo de soledad.

Repetición:

Esta estrategia literaria se encuentra en algunas de sus poesías para dar énfasis a los mensajes que el poeta considera deben llegar al lector y de esta manera envolverlo en un mundo único. He aquí algunos ejemplos:

No valió de nada

No valió de nada
brindarte tanto amor.
No valió de nada
entregarte el corazón.
No valió de nada
el cariño que te di.
No valió de nada
lo mucho que sufrí.

Mía

Si tú fueras mía,
yo te amaría
de noche y de día
toda mi vida.

Si tú fueras mía,
ahora mismo sabrías
las miles de formas
en que yo te haría mía.

Alegría

Tú eres alegría.
Tú eres el color
y a mi triste día
le traes el sabor.

Conmigo

Si te hubieras quedado
viviendo conmigo,
hubiera construido
un mundo distinto.

Si te hubieras quedado
viviendo conmigo,
besaría tus labios
en cada segundo.

Bello despertar

¡Qué lindo es ver la luna
a través de tu ventana!
¡Qué lindo es ver el sol
por la mañana!

Amor a primera vista

¡Hoy te he visto, te he visto
y me has gustado!
¡Hoy te he visto, te he visto
y de ti me he enamorado!

Sufrimiento

Mas solo yo sabía
que aún yo la quería.
Mas solo yo sabía
que mi corazón
aún sufría.

Inspiración

Si fuera pintor,
pintaría en un lienzo
las cosas lindas
que de ti yo pienso.

Si fuera escultor,
en madera fina esculpiría
tus ahogados gemidos
de cuando yo te hago mía.

Amar sin ser amado

Me quedo callado
si en una canción,
tus ojos se humedecen
y desgarran a tu corazón.

Me quedo callado
pues este es mi destino,
yo escogí el camino
de amar sin ser amado.

Imaginándote

Hoy, cierro mis ojos
y miro por doquier,
rayos esmeralda
adornando una bella flor
convertida en mujer.

Hoy, cierro mis ojos
y miro por doquier,
rayos color cielo
realzando a una diosa
convertida en mujer.

Monstruosidad

Hoy tendría ya tres **años**
y un pastel de cumpleaños;
tres velitas encendidas
y yo ninguna herida.

Hoy tendría cuatro añitos
y me diera mil besitos.
Hoy tendría cuatro añitos
y muchos amiguitos.

Hoy tendría cinco **años**
y por fin iría a la escuela;
su nombre escribiría
y hasta libros pintaría.

Hoy tendría seis **añitos**
y muchos regalitos;
una bicicleta azulita
y también mucha ropita.

Yo he estado allí...

Yo he estado allí...
donde *el amor, la alegría y la ilusión*
son estrofas de una misma canción,
donde *no existen penas en los poemas,*
donde *la vida es una bella poesía.*
Ahora yo te pregunto: ¿Quieres venir
y vivir por siempre feliz? Porque yo...
Yo he estado allí...

Deseos

¡Quién fuera luz!
¡Quién fuera sol!
para cubrir tu cuerpo
con todo mi amor.

Onomatopeya:

Nuestro estudio crítico literario no podría estar completo sin, al menos, una estrofa conteniendo un ejemplo de onomatopeya.

Batalla de Santa Rosa

Pum, pum, pum;
sonaban los tambores enemigos.
tralará, laraaaá;
anunciaban su llegada
las trompetas invasoras.

Métrica:

El artístico uso de la **rima consonante** o **perfecta** es muy empleada en sus poesías. Analicemos la igualdad de todas las letras desde la última acentuada.

Ensueño

Florecen las fl**ores**
en campos mej**ores**
con nuevos alb**ores**.

Gloriosas vict**orias**
de amorosas hist**orias**
escribirá en sus mem**orias**.

Soy un poema

Sobre anochec**eres**
mi barco nav**ega**;
brindando plac**eres**
en toda mi entr**ega**.

Soy calur**oso**
en el invi**erno**,
niño fog**oso**;
un fuego et**erno**.

Soy inquieto n**iño**
en noches call**adas**
buscando el corp**iño**
en las madrug**adas**.

Amar sin ser amado

Si mencionas el nombre
de otro hombre
al que has amado;
me quedo callado.

Me quedo callado
al sentirte ausente
aunque estés presente
y estés aquí a mi lado.

Me quedo callado
pues estoy enamorado.
Perderte ya no puedo
y a eso, hoy le tengo miedo.

Sentencia final

Pero no es mi intención, nena,
recordarte lo que has hecho
y no lo digo por despecho
pero esa será tu peor condena;
tener que soportarlo en tu lecho.

El embustero

Escuchen a quien les aconseja;
no le creas a ese hombre,
pues hoy el amor te lo sirve en bandeja,
pero mañana se olvida de tu nombre.

Yo he estado allí...

Yo he estado allí…
donde los colores de las flores
retoñan en nuevos amores,
donde la brisa sin prisa
brinda una dulce sonrisa,
donde el riego riega y baña
a la tierra su entraña.
Yo he estado allí…

Yo he estado allí…
donde la luna de plata
entona en la noche su serenata,
donde felices estrellas
danzan canciones muy bellas,
donde en el silencio de la noche
no se escucha ni un solo reproche.
Yo he estado allí…

Arrúllame

Hazme perder ya la calma;
róbala con tus deseos.
Penétrame toda el alma
y ámame sin rodeos.

Mantenme en la encrucijada
de no saber lo que quiero;
si comerte a pedazos o entero
o que me tengas crucificada.

Lumbre

Mucho tiempo en silencio he soport**ado**
el maltrato y reproches que me has d**ado**;
tanto de día como de noche me has ignor**ado**
y en mi pecho, mis gritos de angustia, he encerr**ado**.

Amor a primera vista

¡Hoy te he visto, te he v**isto**
     y me has gust**ado**!
¡Hoy te he visto, te he v**isto**
     y de ti me he enamor**ado**!

Mientras tú no estabas

Y en un mundo sin m**etas**
se convirtió el univ**erso**;
no se escribió un solo v**erso**
al desaparecer los po**etas**.

Amor desesperado

Cuanto más te miro; más te des**eo**.
Cuanto más me deprimo, más te v**eo**.
¡Qué sufrimiento tan enferm**izo**!
¡Ay! No te miento; eres mi hech**izo**.

Rima asonante o imperfecta:

El uso de la **rima asonante** o **imperfecta** da una inigualable musicalidad a su poesía, las letras consonantes son ignoradas y se mantiene la igualdad de las vocales desde la última acentuada.

Las siguientes estrofas son ejemplos de rima asonante masculina o sea rima imperfecta de una sola sílaba.

Naufragio

Como en barco de papel
mi amor un día navegó;
a pique se me fue
causando un gran dolor.

Como niño sin razón
mi llanto no pude contener;
al perder a la mujer
que robó mi corazón.

¿Cómo haré para olvidar?
¿Cómo haré para calmar
el llanto y desesperación
de mi afligido corazón?

Abandono

La luz de tu mirar
ya nunca alumbrará
la eterna oscuridad
de mi dolorosa soledad.

Obsesión

Lenta como la miel al caer;
así tardó mi tristeza en desaparecer.
Rápido como el vuelo de un halcón
se fugó el amor de vuestro corazón.

No puedo aún creer
que todo el querer
que día a día yo te di
hoy no exista para ti.

Mi corazón se niega a aceptar
que hoy te tenga que olvidar;
no quiere comprender
que ya me dejaste de querer.

Frío amanecer

Hoy mis brazos extendí
buscándote otra vez.
¡Qué frío amanecer!
Estaba ya sin ti.

Tus besos ya nunca más tendré,
no quiero ya saber
de ninguna otra mujer
que se burle de mi ser.

Nuestra alameda

Su escondite deseo encontrar,
rogarle que se vuelva a mudar,
que ocupe la misma habitación
dentro de tu dulce corazón.

Que llanto no me queda más,
que ya la tengo que besar,
que no me haga más sufrir
o pronto he de morir.

¡Qué será de mí!

No quiero ni pensar
qué será de mí
si tú te vas.

No quiero imaginar
qué será de mí
si no te miro más.

Tinieblas

Respuesta creo nunca encontraré
a tu infame decisión,
mas siempre yo te llevaré
dentro de mi corazón.

Felicidades

Por los senderos del bien
tus pasos te han de guiar;
son las ansias de quien,
nunca te habrá de olvidar.

Miedo

Tengo miedo a esta sensación
que confunde a este amor.
Tengo miedo a esta obsesión,
a esta nueva y extraña ilusión
que aprisiona a mi corazón.

Tiquicia

Lamentable situación
es la drogadicción
que junto a la corrupción
destruyen a esa pobre nación.

Perdón

Ante esa tu gran dignidad,
únese la piedad de tu corazón
y hoy con gran humildad
de ti yo imploro tu perdón.

Las siguientes estrofas son ejemplos de **rima asonante femenina** o sea **rima asonante de dos sílabas.**

Cupido

Confunde tus pensamient_os_,
juega con tus sentimient_os_,
se apodera de tu tiemp_o_
y te sube al firmament_o_.

Una estrella en mis pies

Y no es que hoy sea yo arrogant_e_
ni que me llene de gozo con tu enoj_o_
pero el destino es muy trampos_o_
para quien irradia luz farsant_e_
pretendiendo ser fino diamant_e_.

Luna de miel

Mientras beso a bes_o_
en nuestro ardiente lech_o_,
recorría todo tu pech_o_
hasta llegar al nid_o_
del manjar prohibid_o_.

No valió de nada

No valió de nada
todo lo que te quise.
No valió de nada
todo lo que te hice.

Monstruosidad

Ya tendría un añito
y daría su primer pasito.
Ya tendría un año
y su fiesta de cumpleaños.

Hoy tendría ya tres años
y un pastel de cumpleaños;
tres velitas encendidas
y yo ninguna herida.

Recordando

Pasarán los días,
pasarán los años,
pero en el corazón, la herida,
permanece haciendo daño.

Regionalismos

Vocabulario chicano usado en la poesía titulada, "Liberada":

1. **Bironga:** *Cerveza.*
2. **Cuerno:** *Cometer adulterio.*
3. **Chamacos:** *Niños.*
4. **Chupe:** *Consumo de alcohol.*
5. **Latoso:** *Molestosa actitud.*
6. **Lupe:** *Guadalupe.*
7. **No la riegues:** *Arruinar, echar a perder.*
8. **Pa'l baile:** *Para el baile.*
9. **Pancho:** *Francisco.*
10. **Rancho:** *Pequeño poblado ubicado lejos de las ciudades.*
11. **Reboso:** *Tela que se arrollan en el cuerpo algunas mujeres para cargar sus hijos o para protegerse del frío.*
12. **Tamales:** *Alimento hecho a base de maíz.*
13. **Sancho:** *Amante de una mujer casada en una relación clandestina.*
14. **Trailer:** *Casa móvil.*

Vocabulario puertorriqueño usado en las poesías: "Isla del Encanto" y "Borinquen":

1. **Ají:** *Vegetal de sabor picante, chile.*
2. **Borinquen:** *Isla en el Caribe conocida como Puerto Rico.*
3. **Coquí:** *Diminuta rana de silbido muy peculiar oriunda de Puerto Rico.*
4. **Isla del Encanto:** *Isla en el Caribe conocida como Puerto Rico.*
5. **Pitirre:** *Valiente pajarito de Puerto Rico. Se dice que posee corazón de león.*
6. **Yunque:** *Montaña más alta de Puerto Rico.*

Vocabulario costarricense usado en la poesía "Tiquicia":

1. **A todo dar:** *Magnífico.*
2. **Anafre:** *Aparato hecho a base de ladrillos para cocinar.*
3. **Aro:** *Rueda de aluminio.*
4. **Balín:** *Pequeña bola de acero usada en el jugo de canicas.*
5. **Bambú:** *Variedad de caña.*
6. **Canicas:** *Pequeñas bolas de cristal.*
7. **Catre:** *Litera.*
8. **"Estados":** *Estados Unidos.*
9. **Estanco:** *Tienda de abarrotes.*
10. **Gancho:** *Alambre encorvado.*
11. **Garrocha:** *Palo largo.*
12. **Mecate:** *Cuerda.*
13. **Zacate:** *Pasto, césped, grama.*

Alicia Nuñez, Ph.D
Analista literaria

Libros escritos por el autor

Poesía:

01. Simplemente tú y yo
02. Secretos
03. Añoranza
04. Ensueño (Antología poética)

Cuento:

01. Las increíbles aventuras del cochinito Oink Oink
02. Las increíbles aventuras del sapito Kroak Kroak
03. Las increíbles aventuras de la vaquita Muú Muú
04. Las increíbles aventuras de la ranita Ribet Ribet
05. Las increíbles aventuras de la gatita Miau Miau
06. Las increíbles aventuras del perrito Guau Guau
07. Las increíbles aventuras del becerrito Meé Meé
08. Las increíbles aventuras de la gallinita Kló Kló
09. Las increíbles aventuras del patito Kuak Kuak
10. Las increíbles aventuras de la chivita Beé Beé
11. Las increíbles aventuras del gallito Kikirikí
12. Las increíbles aventuras del pollito Pío Pío
13. Las increíbles aventuras del Coquí
14. Las increíbles aventuras de Pancho
15. Las increíbles aventuras del borreguito Eeé Eeé

Drama:

Pitirre no quiere hablar inglés

Books written by the author

Poetry *(Spanish)*

01. Simplemente tú y yo
02. Secretos
03. Añoranza
04. Ensueño (Antología poética)

Short story *(Bilingual Spanish/English)*

01. The Incredible Adventures of Pew Pew, the Little Chicken
02. The Incredible Adventures of Kluck Kluck, the Little Hen
03. The Incredible Adventures of Cock-A-Doodle-Doo, the Little Rooster
04. The Incredible Adventures of Kuack Kuack, the Little Duck
05. The Incredible Adventures of Oink Oink, the Little Pig
06. The Incredible Adventures of Bow Wow, the Little Dog
07. The Incredible Adventures of Baa Baa, the Little Goat
08. The incredible Adventures of Meow Meow, the Little Cat
09. The Incredible Adventures of Moo Moo, the Little Cow
10. The Incredible Adventures of Maa Maa, the Little Calf
11. The Incredible Adventures of Ribbit Ribbit, the Little Frog
12. The Incredible Adventures of Kroak Kroak, the Little Toad
13. The Incredible Adventures of Coquí
14. The Incredible Adventures of Pancho
15. The Incredible Adventures of Baaa Baaa, the Little Lamb

Drama *(English)*

Pitirre Does not Want to Speak English